La mort en Perse

DU MÊME AUTEUR

Nouvelle lyrique, traduit par E. Cotté, Verdier, 1994.

Orient Exils, traduit par D. Miermont, postface de N. Bary, Autrement, 1994.

Voyageurs Payot

Annemarie
Schwarzenbach

La mort en Perse

Traduit de l'allemand (Suisse)
et présenté
par Dominique Miermont

Titre original :

TOD IN PERSIEN

Préface
par Dominique Miermont

> Pour Annemarie Schwarzenbach, en la remerciant de promener sur cette terre son beau visage d'ange inconsolable.
>
> Roger Martin du Gard,
> Dédicace de *Confidence africaine.*

Comme l'a si bien dit Roger Martin du Gard, le destin d'Annemarie Schwarzenbach fut d'être un ange inconsolable. La tragique ambivalence de cette femme tient dans cette merveilleuse et terrible formule qui traduit à la fois la poésie et la désespérance du personnage.

Née le 23 mai 1908 dans une famille de riches industriels zurichois, Annemarie Schwarzenbach est morte à trente-quatre ans des suites d'une chute de bicyclette. Belle, intelligente, curieuse de la vie, ouverte au monde, pourvue de multiples talents dont ceux de pianiste, d'historienne et d'écrivain, elle a passé son existence dans une quête effrénée et désespérée d'elle-même — errance autant géographique que psychique. De la Russie à la Perse, de l'Afghanistan aux États-Unis, de Sils Baselgia au Congo, la trajectoire de cette femme peu ordinaire est balisée par la morphine, les amours malheureuses, le suicide, les cures de désintoxication, l'internement.

Internée, Annemarie le fut très tôt : murée dans le « paradis » de Bocken, la propriété familiale surplombant le lac de Zurich, coupée des enfants de son âge sous prétexte de santé fragile, elle vécut les quinze premières années de sa vie dans l'ombre d'une mère possessive et tyrannique. Renée Schwarzenbach, fille de général, focalisa sur Annemarie tous ses désirs de masculinité. Toutefois, bien que cultivant elle-même une liaison amoureuse avec une cantatrice renommée, elle interdisait formellement à Annemarie de faire état de son attirance pour d'autres femmes. Condamnée à la solitude, l'adolescente triste que révèlent les photos trouve refuge dans l'écriture, véritable solution de survie qui lui apportera sans doute d'authentiques moments de bonheur et qui l'accompagnera jusqu'à la fin. On comprendra sans peine que les conditions particulières de son enfance aient fait d'Annemarie Schwarzenbach une femme avide de franchise et de liberté.

Aussi n'a-t-elle de cesse, dès que l'occasion

se présente, de quitter le giron familial pour vivre sa propre vie. La première étape de cette fuite est Paris (1928-1929), puis Berlin (1931), où elle se lie d'amitié avec les « enfants terribles » de Thomas Mann : Klaus et Erika. Avec le premier, elle se sentira de profondes affinités ; de la deuxième, qu'elle appelait parfois son « grand frère », elle sera éperdument amoureuse. Commence alors une correspondance assidue qui ne s'arrêtera qu'à la mort d'Annemarie et dont il ne reste quasiment rien aujourd'hui, Renée Schwarzenbach ayant jugé opportun, le jour même de la mort de sa fille, de brûler les lettres qui lui avaient été adressées et dont elle supputait qu'elles devaient être compromettantes pour la famille. Signalons au passage que furent également sacrifiées, lors de cet autodafé, nombre de missives écrites par une femme qui, dans sa passion amoureuse, avait dédié à Annemarie en 1941 son roman *Reflets dans un œil d'or* : Carson McCullers.

Mais revenons à Klaus et Erika Mann. Leur rencontre a joué un rôle déterminant dans la vie d'Annemarie. Grâce à eux, elle découvre un milieu familial infiniment plus libéral et tolérant que le sien, et surtout, en cette époque de bouleversements politiques, des engagements radicalement opposés. Tandis que chez les Schwarzenbach on voit d'un bon œil un certain Adolf

Hitler conquérir peu à peu le pouvoir, les enfants Mann, bien plus clairvoyants que leur père, s'engagent déjà corps et âme dans la lutte, Erika en fondant son cabaret *Le Moulin à Poivre*, Klaus en soutenant sa sœur par la plume et en dénonçant constamment le manque de discernement, voire l'aveuglement de nombre d'intellectuels allemands et autrichiens. Tous deux pressentent que l'exil sera bientôt inévitable, et ils s'y préparent.

Admirative, fascinée par la lucidité de Klaus, par l'audace et la vitalité d'Erika, Annemarie désire suivre ses amis dans leurs engagements. Cependant, elle ne peut le faire sans se heurter à sa famille ni renoncer à tout ou partie de l'amour maternel. On touche là au dilemme qui hantera sa vie : comment être soi-même sans perdre l'affection des siens ? Comment suivre ses tendances amoureuses, s'adonner à la boisson et à la drogue — en partie d'ailleurs sous l'influence des enfants Mann eux-mêmes —, sans briser les liens familiaux ni renier ses racines ? Cette interrogation essentielle traduit le déchirement dans lequel elle était enfermée et qu'elle cherchera toujours à résoudre en cédant à ses impulsions de salut par la fuite — mais de salut il n'y aura point. Quel que soit le lieu où la conduiront ses voyages, à Berlin ou à Téhéran, à Moscou ou à Léopoldville, le paysage de ses origines exercera sur elle, tel un aimant, une force d'attraction qui la fera vite renoncer à mener ses projets à bien. Sans cesse elle partira, sans cesse elle reviendra.

Mais où aller ? C'est en 1932 que la Perse fait irruption dans la vie d'Annemarie Schwarzenbach. Elle y séjournera à quatre reprises en l'espace de six ans.

Au mois de mai de cette année-là, elle projette avec les Mann et un ami d'enfance de ceux-ci, Ricki Hallgarten, un voyage en voiture via les Balkans et l'Asie Mineure. Malheureusement, le suicide de cet ami quelques heures avant le départ rend l'expédition impossible.

Un an et demi plus tard, en octobre 1933, alors que les enfants Mann ont dû, sept mois plus tôt, quitter l'Allemagne en toute hâte pour se réfugier en Suisse et qu'Erika met tout en œuvre pour reprendre à Zurich les représentations du *Moulin à Poivre*, Annemarie part accompagner un groupe d'archéologues au Proche-Orient. Elle y restera sept mois et tiendra un journal de voyage publié en 1934 sous le titre *Hiver au Proche-Orient*. De ce premier contact avec les pays orientaux elle garde une impression de profonde mélancolie. Elle y découvre une nature immense et omniprésente face à laquelle l'être humain est complètement insignifiant. Aussi l'angoisse ne tarde-t-elle pas à poindre, suscitant le recours à la drogue.

De retour en Suisse, Annemarie écrit dans

l'euphorie une série de nouvelles inspirées par son séjour en Orient, mais, replongée dans une atmosphère empoisonnée par les agissements du régime hitlérien, déchirée entre sa famille et les Mann, elle n'a qu'une envie : reprendre la fuite. Ce qu'elle fait après un détour à Moscou en compagnie de Klaus Mann pour assister au Congrès des écrivains. Il s'agit pour elle de rejoindre le professeur Erich Schmidt sur le site archéologique de Rhagès (aujourd'hui Rey), près de Téhéran, où elle a déjà travaillé lors de son premier séjour. À nouveau, elle est en proie à des peurs irraisonnées ; elle se sent livrée sans aucune protection à ce pays démesuré, et ses amis lui manquent terriblement. Un seul regret quand elle rentre au pays en décembre 1934 : elle a laissé là-bas, à Téhéran, un ami qui souhaite l'épouser. Il s'agit de Claude Achille Clarac, deuxième secrétaire à l'ambassade de France.

À son retour, la situation est catastrophique. Alors qu'elle avait cru pouvoir échapper aux tensions entre sa famille réactionnaire et les Mann antifascistes, la cabale déclenchée à la mi-novembre par les frontistes (réplique suisse du parti nazi) contre *le Moulin à Poivre* provoque la mise hors la loi du cabaret et contraint Annemarie à prendre une décision claire et nette. Le 27 décembre 1934, elle publie dans le *Zürcher Post* un article où elle prend fait et cause pour

Erika Mann tout en condamnant la brutalité des frontistes et la mollesse des autorités suisses. Mais malgré cette prise de position dénuée d'ambiguïté, ses relations avec Erika se détériorent. C'en est trop pour Annemarie. Après l'échec de son deuxième séjour en Perse, la rupture avec sa famille, voilà qu'elle perd sa meilleure amie. Avec le désespoir apparaît son corollaire : la drogue. Au début du mois de janvier 1935, elle entre en clinique pour une cure de repos... et fait une tentative de suicide.

Une fois remise, elle écrit à Klaus Mann que le mariage lui semble désormais la meilleure solution et, malgré l'opposition de sa mère, entame le 16 avril son troisième voyage vers la Perse. Claude Clarac vient la chercher à Beyrouth. Ils se marient le 21 mai à la légation de France de Téhéran, et Annemarie devient citoyenne française.

Ce nouveau séjour en Perse s'annonce curieusement. Deux jours avant son mariage, Annemarie écrit à Klaus Mann qu'elle ne peut être heureuse loin d'Erika et que tous ses amis de Téhéran ne peuvent réduire l'isolement dans lequel elle se trouve dès qu'elle est séparée d'eux. Pourtant, Clarac fait son possible pour lui faciliter la vie. Dès la fin du printemps, il a loué dans le village de Farmanieh, à une vingtaine de kilomètres de la ville, au pied de la montagne, une maison au milieu d'un parc avec piscine.

Annemarie se met à compléter le cycle des nouvelles orientales commencé fin 1934. Quand il est terminé, elle le propose à différentes maisons d'édition qui le refusent malgré les interventions de Thomas Mann et de Stefan Zweig. *La Cage aux faucons* ne paraîtra jamais, et six des dix-huit nouvelles de ce recueil ont définitivement disparu.

Une fois le travail d'écriture achevé, les problèmes latents refont surface. L'angoisse est là dès le réveil. La chaleur est insupportable, la malaria sévit et n'épargne pas Annemarie. Ses pensées sans cesse vont vers les Mann dont l'amitié n'est plus ce qu'elle était. Au début du mois de juillet, elle fait la connaissance d'une jeune Turque, Yalé, dont la tendre présence vient soulager sa solitude. Malheureusement, cette jeune fille est atteinte d'une maladie incurable, et Annemarie, de son côté, doit suivre son mari qui a décidé, pour échapper à la chaleur torride de l'été, d'aller passer quelques semaines dans un camp organisé par la légation anglaise et installé dans une vallée située à 2 500 mètres d'altitude. C'est là qu'elle commence à écrire *La Mort en Perse*, car dans cette vallée vide et désolée, que l'on appelle paradoxalement la « Vallée heureuse », Annemarie se trouve confrontée à elle-même, à son propre vide, à sa propre solitude, à son propre désespoir. Ce qui fait l'authenticité et la force de son écriture à ce moment-là, c'est que le paysage perse, tel un miroir impitoyable, la renvoie à son paysage intérieur. La montée à dos de mulet dans la désolation et le silence de la montagne est l'image inversée de cette chute dans le néant qu'elle se voit accomplir depuis des mois, des années. Et la vastitude « surhumaine » de son environnement géographique lui fait sentir ô combien l'insignifiance de sa personne — voire sa non-existence. La « Vallée heureuse » devient une sorte de purgatoire où elle a l'impression de ne plus faire partie du monde des vivants, sans pour autant appartenir à celui des morts.

Dans ce lieu extrême, lieu géographique autant que psychique, tout peut être dit, tous les déchirements — entre les Mann et sa mère, entre l'engagement politique et la fuite —, toutes les peurs, la solitude, la mort omniprésente, l'amour des femmes. (C'est d'ailleurs le seul texte où, portée peut-être par le courage du désespoir, Annemarie Schwarzenbach ne cherche pas à dissimuler son homosexualité. Quand elle reprendra ce « journal non intime » quatre ans plus tard en lui donnant une forme plus élaborée et littéraire, elle l'intitulera *La Vallée heureuse* et fera de la narratrice un narrateur...)

Si la Perse a été pour Annemarie, et pour certaines de ses contemporaines également à la recherche de leur identité, le lieu privilégié d'une quête forcenée d'absolu, jamais sans doute elle n'aura poussé l'aventure aussi loin. Aventure qui l'aura aidée à reconnaître en elle des aptitudes inouïes à la souffrance et une propension évidente à déraper sur la face la plus sombre et la plus noire de son moi.

Le salut, une fois de plus, prendra forme féminine. Cette fois, c'est grâce à Barbara Hamilton, une amie américaine de Claude Clarac, qu'Annemarie reprendra goût à la vie. Mais pour combien de temps encore ? Les sept années qui lui restent à vivre seront hélas à l'image des séjours en Perse, avec cette même alternance de solitude, d'amour et de désespoir.

La Mort en Perse n'était pas destiné à être publié et ne le fut qu'en 1995, grâce à Roger Perret qui, il y a dix ans, a commencé à tirer de l'oubli la vie et l'œuvre d'Annemarie Schwarzenbach. Qu'il soit remercié ici de nous avoir donné accès à un texte aussi original et aussi émouvant.

Première Partie

Avertissement

Ce livre donnera peu de joie à ses lecteurs. Il ne leur apportera même pas la consolation et le réconfort que prodiguent très souvent les livres tristes — beaucoup de gens pensent en effet que la souffrance, si elle est endurée à bon escient, procure une grande force morale. J'ai entendu dire que même la mort peut être édifiante, mais j'avoue que je n'y crois pas. Car comment est-il possible de surmonter ce qu'elle a d'inéluctable ? La mort est trop incompréhensible et trop inhumaine... et elle ne perd son caractère de violence que si on l'attend comme le seul moyen qui nous soit donné d'échapper définitivement à nos égarements.

Car c'est d'égarements qu'il s'agit dans ce livre, et son sujet est le désespoir. S'il est vrai qu'un écrivain n'a d'autre but que d'éveiller la sympathie de ses lecteurs, il est clair que cet objectif ne peut être atteint ici ; car nous ne pouvons escompter susciter pitié et compréhension que si nos échecs sont explicables, nos défaites obtenues après une lutte courageuse, et nos souffrances la conséquence inévitable de toutes ces causes valables. Il arrive parfois que nous soyons heureux sans raison, mais il ne nous est en aucune façon permis d'être malheureux sans motif. Et à une époque aussi difficile que la nôtre, il faut que chacun désigne sans hésiter son véritable ennemi et choisisse le destin qui convient à ses forces.

Le héros de ce petit livre est toutefois si peu héroïque qu'il n'est même pas capable de désigner son ennemi, et il est si faible qu'il abandonne la lutte avant même que ne soit scellée sa peu glorieuse défaite.

Mais ce n'est pas encore là le pire. Ce que le lecteur ne pardonnera pas, c'est qu'il ne soit dit nulle part pourquoi un être humain se laisse entraîner dans un pays aussi lointain et exotique que la Perse, uniquement pour y succomber à d'indicibles conflits. Il y est en effet plus d'une fois question de détours, d'échappatoires et d'égarements, et ceux qui vivent aujourd'hui dans un pays européen savent que beaucoup de gens ne sont pas à la hauteur des terribles tensions auxquelles ils sont soumis — tensions qui vont du déchirement entre le besoin de repos et celui de faire un choix, de la simple mais envahissante détresse matérielle jusqu'aux problèmes les plus généraux et pourtant les plus brûlants concernant la politique, l'avenir économique, social et culturel —, et personne ne peut s'en sortir à bon compte. Si des jeunes essaient malgré tout de le faire, aussi valables soient les raisons qu'ils donnent à leur fuite, ils portent sur leur front le signe du traître, le signe de Caïn.

C'est à peu près la situation dans laquelle se trouve la jeune fille qui a écrit ces lignes. Quand j'eus ce manuscrit entre les mains, je me rendis compte qu'il me fallait en expliquer les antécédents de façon claire et accessible à tous. C'était le seul moyen que j'avais de satisfaire le lecteur et d'offrir à l'éditeur un livre acceptable. Mais il m'était justement impossible de le faire sans dénaturer le sujet, ce qui aurait été une concession intolérable à nos exigences intellectuelles et morales.

Le désespoir et la terrible vanité de toute révolte exprimés dans ce livre n'ont plus rien à voir avec la malédiction de la fuite qui pouvait exister au départ. Non, nos critères et nos explications ne sont plus de mise, car ici un être humain arrive tout simplement à épuisement complet de ses forces...

Infime est la frontière entre l'inhumain et le surhumain, et ce qui est surhumain, c'est la grandeur désespérée de l'Asie. « Même pas hostile, simplement trop grande. » Quel sens cela a-t-il là-bas quand quelqu'un meurt ? Et pourtant, nous ne connaissons pas de cri plus désespéré que ces mots : « *Quelqu'un meurt !* » Non, aucune déformation des choses ne doit me délivrer et vous soulager : le danger n'est pas saisissable ; la peur est innommable — c'est justement ce qui la rend effroyable —, et il existe des chemins si terribles qu'il n'y a pas de retour possible.

Pourquoi mourir sinon ?

La mort n'est pas pour nous une chose naturelle, elle nous remplit de désarroi. Mais les Asiatiques l'ont intégrée dans leur religion comme le néant, l'être véritable, la vraie force. Ils s'y préparent sans crainte ; notre vie, au contraire, n'est pas pensable sans cette tension qui en est l'élément intrinsèque. Arrachés à notre milieu, arrachés au réconfort habituel — visage haletant, cœur battant, paysages aux charmes variés —, il nous faut finalement nous abandonner aux vents des sommets qui mettent en lambeaux nos ultimes espérances. Vers où nous tourner ? Alentour, il n'y a que désolation, parois de basalte gris, déserts d'un jaune lépreux, mortes vallées lunaires, rivières de craie et fleuves argentés où flottent des poissons morts. Où aller ? Ô désarroi, aile paralysée de l'âme ! Même la succession du jour et de la nuit ne pénètre pas dans notre conscience bien que le jour soit rayonnant et sans ombre, et la nuit illuminée d'astres glacés.

Même si parfois on se raccroche encore à ses souffrances, au mal du pays et au repentir, on ne connaît même plus sa propre faute ; c'est en vain que l'on essaie de se remémorer comment cela a *commencé.* (« Qui m'a conduit jusqu'ici ? ») Pouvoir encore une fois accuser, aller encore une fois vers un autre être, *aimer* encore une fois ! On se précipite dans l'illusion aussi immense que la mer, on croit et on prie, et quand on regarde le visage aimé, on oublie la peur obscure. Mais que peut-on contre elle ?

Ah ! se réveiller encore une fois sans son angoissante étreinte, ne plus être seul, ne plus être livré à sa merci ! Sentir le souffle heureux du monde !

Ah ! vivre encore une fois !

A.S.

Téhéran

À Téhéran, la canicule était si accablante qu'elle semblait couver dans les murs comme dans des fours arrondis dont elle s'exhalait le soir pour inonder les ruelles étroites et les rues neuves, larges et dépourvues d'ombre, sans qu'un souffle d'air extérieur ne laissât s'infiltrer un peu de la fraîcheur de la nuit. Dans les jardins de Shémiran, il faisait plus frais. Si on les quittait, on était littéralement assailli par une lumière blanche et tremblante ; la paroi rocheuse du Tauschal s'élevait dans une transparence gris clair, comme tendue de voiles formés par la chaleur ; le ciel bien trop blanc était voilé lui aussi, et la plaine enveloppée de brume blanche. Un mois plus tôt, on y voyait encore les taches vert clair, jaunes et brunes des prairies, des champs de céréales et des parcelles labourées. Maintenant, elle n'était que désert, et au-delà de Téhéran, là où se trouvent les ruines de l'ancienne ville de Raghès, c'était une mer de poussière vallonnée. Là, sur la route de Qom, les caravanes continuaient de passer la nuit en faisant sonner leurs cloches...

Qom est une ville sainte. Quand on va de Téhéran à Ispahan, on peut voir depuis la route sa mosquée dorée, par-delà le large fleuve, mais il faut contourner la ville, car on ne peut entrer dans ses bazars et ses cours. Il y a un autre dôme doré à Shah'Abdul'Azim, oasis située près des ruines ; le plus doré et le plus sacré est celui de Mashhad, tout à fait au nord-est, sur l'antique route de Samarcande.

Il y a quelques semaines, le shah a interdit le port du couvre-chef qui portait son nom, koula Pahlavi, et il a conseillé de le remplacer par un chapeau européen, mais il a autorisé les femmes à enlever leur tchador et à se montrer non voilées dans la rue. On entendit alors parler de troubles ici et là, surtout dans les villes saintes. Certes, la koula était une casquette sans intérêt, voire laide, qui donnait à celui qui la portait l'air d'un malfaiteur et d'un vagabond. Toujours est-il que lors de la prière on pouvait tourner la visière sur la nuque pour toucher le sol avec le front sans avoir à se découvrir. Chose parfaitement impossible avec un feutre européen, un chapeau de paille ou un chapeau melon ; aussi les mollahs crurent-ils que leur heure était arrivée, et ils se mirent à prêcher dans des réunions secrètes et, publiquement, dans les cours des mosquées.

On lisait dans les journaux avec quelle joie la population accueillait ce changement. Les ministres et les gouverneurs des provinces donnaient des dîners où les épouses invitées devaient paraître sans tchador. La foule se pressait à l'entrée pour assister à l'arrivée des fiacres d'où descendaient ces dames tout intimidées et troublées. Pendant le repas, les domestiques enlevaient du vestiaire les koulas des invités ; aussi ces derniers, pour ne pas rentrer chez eux tête nue, devaient-ils, au moment de quitter la maison de leur hôte, acheter l'un des chapeaux étrangers tenus à leur disposition. C'était une organisation exemplaire, quasi occidentale ! Pierre le Grand ne s'y était pas pris autrement pour supprimer la barbe asiatique des boyards ! Ces barbes se sont maintenues plus longtemps en Perse ; en revanche, les diplomates iraniens peuvent désormais porter un bicorne que l'Occident assoiffé de progrès n'a introduit que depuis la Révolution française, en même temps que les droits de l'homme. On voit ce qui a duré le plus longtemps ! En Hongrie, pour pouvoir siéger au parlement et pour prouver leur patriotisme, les Magyars doivent porter de longues moustaches et en cirer copieusement les pointes pour qu'elles restent bien relevées. Mais où le shah pourrait-il trouver un modèle pour introduire les bons vieux droits de l'homme ?

À cause de la koula Pahlavi, le bazar de Téhéran dut rester fermé pendant trois jours. La mosquée sacrée de Mashhad a-t-elle vraiment été la cible de fusillades ? On entend dire que les soldats ont refusé de tirer sur leurs coreligionnaires et le sanctuaire, et qu'on les a remplacés par des Arméniens et des Israélites. On donne le nombre des morts.

Ce furent les jours les plus chauds de l'été persan. Certains jardins de Shémiran, cernés par des murs trop élevés, remplis d'une végétation trop dense, devinrent aussi étouffants et torrides que des serres. Les moustiques pullulaient au-dessus de l'eau croupissante des étangs. J'eus un deuxième accès de malaria. La nuit, l'air était un peu plus frais dehors, mais la fièvre montait. Quand je quittai le jardin pour la première fois, les environs de Téhéran étaient calcinés. Les jardins formaient des îlots sombres sur le jaune uniforme et lépreux. Devant moi, sur le chemin, marchait un jeune officier, ses chaussures et ses guêtres couvertes de poussière blanche. Il portait un sac et une boîte avec son casque. Je m'arrêtai et le fis monter. Il sourit, la sueur coulait sur son visage brûlé. Nous roulâmes entre des champs desséchés au-dessus desquels l'air tremblait ; puis nous traversâmes le petit bazar de Dezashub où il faisait aussi noir que dans un four — les visages des marchands, les enfants et les fichus blancs des femmes y faisaient comme autant de taches lumineuses.

La place de Tedshrish était grande et déserte, excepté les calèches avec leurs chevaux blancs tout maigres assommés par le soleil. Je vis l'officier s'éloigner sur la place vide, dans la lumière tremblante et saturée de poussière. À l'autre bout de la place je vis apparaître un gendarme ; il fit un signe du bras qui s'adressait manifestement à moi. Mais il ne s'attendait certainement pas à ce que j'y réponde. Par cette chaleur, chacun avait suffisamment à s'occuper de lui-même...

Puis je passe le grand portail et entre dans un jardin. L'obscurité et l'ombre se referment sur moi comme des flots qui m'engloutissent. Odeur de fraîcheur, de terre et de feuillage, une allée, la racine d'arbre qui sort de terre et déporte la voiture sur le côté quand on prend le virage trop vite. Je roule en troisième jusqu'à la maison ! Je laisse la voiture à l'ombre, descends, traverse la terrasse blanche, passe devant les doubles fenêtres protégées par de fines moustiquaires. On entend le son du piano dans le salon. Zaddika est donc en train de travailler, me dis-je, ici rien n'a changé, et je suis soulagée après l'indicible terreur du trajet à travers ce paysage ouvert, épuisé et transformé par le soleil jusqu'à en mourir.

Zaddika a treize ans. C'est l'une des plus belles créatures qui existent en ce bas monde. Tel un anneau autour de son front, un ruban retient ses cheveux sombres : coiffure démodée de petite fille sur une tête nubienne. Grands yeux doux et dorés d'animal dans un visage d'une délicate carnation brune. L'attache du nez est large, comme si Zaddika respirait toujours les narines grandes ouvertes. Elle hume l'air avec avidité, et sa voix est tendre, enjôleuse, emplie d'un ravissement enfantin. Tout comme les têtes des gracieuses filles d'Akhenaton, Zaddika a elle aussi une bouche ouverte comme une fleur, légèrement proéminente, un menton plein d'une détermination têtue d'enfant, un cou très mince, une nuque courbée comme par fierté et sous le poids d'un léger chagrin. Elle fait plus jeune que son âge, mais elle est beaucoup plus grave, plus attentive, plus renfermée et tendre que les autres filles de treize ans. On ne se lasse pas du ravissement qu'il y a à la contempler.

La sœur aînée de Zaddika est allongée à côté de moi sous un grand arbre. On nous a apporté des coussins et de l'eau glacée dans des verres givrés.

« Je m'en vais, dis-je.

— Voir tes amis anglais ?

— Oui. Dans leur camp de la vallée du Lahr.

— Quand ?

— Demain. »

Nous nous taisons un moment.

On entendait des cris venant du court de tennis, et l'impact sec des balles.

« Et si tu as de nouveau de la fièvre là-haut ? »

Je la regardai. Elle s'appuyait sur ses coudes et ses cheveux tombaient comme un rideau sur son visage. Elle était belle, mais elle ne ressemblait aucunement à sa demi-sœur. Je pensai qu'elle avait du sang tcherkesse et du sang arabe. Je contemplai son visage beaucoup trop pâle, marqué par la fatigue et l'éclat fiévreux de ses yeux.

« Et toi ? demandai-je.

— Je ne prends plus ma température, dit-elle. De toute façon, j'en ai toujours. Mais chez moi c'est différent, on ne peut rien faire.

— Le climat est mauvais pour toi », dis-je.

Elle haussa les épaules.

« Pour nous tous, dit-elle, mais, vois-tu, je ne peux pas monter dans la vallée du Lahr ! Je ne supporterais même pas le voyage.

— Ne pourrait-on pas au moins essayer ? »

Elle mit doucement sa main sur ma bouche.

« Laisse, dit-elle, tu vas te sentir merveilleusement bien là-haut ! »

La montée dans la Vallée heureuse

À Abala, les mulets nous attendaient. Il était huit heures du matin quand le soleil franchit le col et descendit à notre rencontre. Derrière nous s'étendait la route qui traverse d'abord la morne plaine désertique de Téhéran, puis un océan immobile de collines, montant et descendant ces dunes jaunes jusqu'en haut du col d'où elle plonge brutalement, décrivant d'effrayants virages, dans la vallée encaissée de Rudahend. Deux heures de voiture, mais maintenant tout était très loin, tout s'évanouissait. Devant nous, une aube nouvelle !

Notre chemin nous conduisit d'abord à travers une vallée étroitement nichée entre des collines : la verdure tout au long de la rivière n'avait pas assez d'espace et semblait comme déborder d'un panier jusqu'au moment où elle rejoignait les champs des versants. Il y eut un bosquet de noyers puis, peu après, des vignes.

Ensuite commença la montée vers le col. Je vis Claude passer devant, son casque colonial baissé sur la nuque. Les mulets plantaient patiemment leurs petits sabots dans les éboulis. Le col était très élevé. En haut, il y avait du vent, et les nuages filaient à toute vitesse ; ils se dissipaient au-dessus de la plaine lointaine, et on ne voyait rien qu'une immensité de ciel et de terre désolée qui s'embrassaient à s'étouffer. Nous nous retournâmes : de l'autre côté d'une gorge s'étendait l'une de ces extraordinaires montagnes formées de sable, et seulement de sable, avec des versants escarpés, larges, sans cesse ruisselants, semblables à des pentes neigeuses. À tout instant, une plaque pourrait se détacher et être précipitée dans la vallée, ou l'inquiétant ruissellement se transformer en véritable avalanche. Mais le sable est couronné par une paroi rocheuse, argentée et immobile sous le ciel bleu.

Du col nous descendîmes dans la vallée, qui ressemblait presque à un précipice entre deux montagnes. En bas il n'y avait rien, c'était une vallée morte, à l'écart du monde, très loin des plantes et des arbres, rien que des pierres, et une fournaise qui envahissait tout. Des vipères grises, des lézards gris, sans vie, légèrement enroulés sur eux-mêmes ; seuls leurs yeux étaient vivants, petites têtes d'épingles noires, avec une langue toute fine...

Même dans les vallées mortes, il y a par

endroits une source. Ce que nous trouvâmes, ce fut un trou rond, un plan d'eau tout plat, à peine agité par le mince écoulement de l'eau dans le sable, comme le battement de cœur d'un oiseau.

Nous bûmes en prenant appui sur nos mains. À côté de nous, les mulets dormaient à moitié, debout, et sur la pente rocailleuse les moutons attendaient, en rond, leurs têtes baissées tournées toutes vers l'intérieur, cherchant leur propre ombre. Ils attendaient la fin du jour.

Comme dans un rêve, nous commençâmes l'ascension du deuxième col. Maintenant, même les caravaniers ne chantaient plus, bien que leur chant ressemble étonnamment au pas somnolent des mulets dans la brise de midi.

Nous avons largement dépassé la zone de végétation. Au-dessus de nous, des pics rocheux s'élancent vers le ciel comme les rochers de la côte dans la mer. Et tout à coup, nous voyons des chameaux, tels des animaux fabuleux, longer les étroites bandes d'herbe, étirant tous le cou de façon étrangement parallèle. Ils arrachent l'herbe en mesure et relèvent leur long cou en cadence. Ils s'arrêtent et sont si grands et si menaçants au-dessus de nous que nous craignons qu'ils ne nous écrasent en tombant du ciel. Mais ils redescendent de leur allure dégingandée, leurs bosses toutes chancelantes, et nous nous rejoignons juste au niveau du col.

Alors, telle une vision magique, surgit derrière eux le cône du Demavend.

C'est vers lui que nous nous dirigerons à partir de maintenant. Le col descend doucement, conduit à travers une gorge pierreuse et débouche dans une large vallée. Il nous faut une heure pour la traverser. Tout au fond, le Demavend ne diminue pas de taille, il est comme la lune, un cône tout lisse quel que soit l'endroit d'où on le regarde. En hiver il est blanc, du blanc surnaturel des nuages. Maintenant, en juillet, il est comme zébré. On aperçoit tout en haut le léger bouillonnement de vapeurs soufrées qui s'exhalent du vieux cratère du mont Bikni. Les Assyriens l'appelèrent ainsi quand ils notèrent que le nouveau peuple des « Lointains Mèdes » s'étalait jusqu'à son pied — mais ils ignoraient qu'il crachait le feu. Il est éteint depuis trois mille ans déjà ! Depuis la nuit des temps !

Ce large bassin n'est pas encore la vallée du Lahr. Beaucoup de vallées, portant un nom ou pas, débouchent ici, leurs torrents tout écumants — en arrière, elles se perdent dans le bleu des chaînes de montagnes. Sur les étendues herbeuses que nous traversons campent des nomades. Leurs tentes noires en poil de chèvre sont les mêmes que dans les déserts de Mésopotamie, dans la montagne kurde, dans la fertile Syrie ou en Palestine. Je vois devant moi le chemin que j'ai parcouru à travers les vieux pays du Proche-Orient... Et au bout du chemin, il y a cette vallée, calcinée, jaune ! Les chèvres noires et les moutons grosse-queue jaunes y passent, masse floconneuse, et le bruit de leurs milliers de petites pattes ressemble au murmure du vent. Le bruissement des essaims de sauterelles est différent — on marche sur les tiges sèches, leurs ailes et leurs corps parcheminés, sur quelque chose de vivant qui rappelle un incendie en train de se propager à toute vitesse.

Mon mulet trébuche et tombe. La poustine glisse et me tombe sur la nuque, je saute sur mes pieds. Me suis-je endormie ? Bordée de jurons des caravaniers. Nous repartons...

Huit heures se sont écoulées quand nous atteignons le bord de la vallée et un étroit goulet, sorte de porte entre deux tours rocheuses. En bas, derrière le coude du chemin, sont dressées les tentes blanches.

Les tentes blanches de notre camp

Les tentes sont alignées sur la bande d'herbe tout près du fleuve. Elles viennent d'Inde et s'appellent des « chalets suisses » ; elles sont doublées, un auvent est déployé au-dessus de la tente intérieure en étoffe jaune. Ainsi, chacune d'entre elles est pourvue d'une petite terrasse ombragée où l'on se tient pendant la matinée avec des livres et de quoi écrire ; le fleuve coule tranquillement à nos pieds, en direction de la vallée. En bas se dresse l'éternelle et rayonnante pyramide du Demavend. Des deux côtés de la vallée, les rochers gris, d'un gris si clair qu'ils en sont presque argentés — et au-delà, vers le sud, immaculé et incroyablement serein, le bleu sombre du ciel.

L'après-midi, la vallée est blanche sous le soleil. Vers cinq heures, quand nous allons chercher les cannes à pêche derrière les tentes, les ombres s'allongent. L'eau est encore argentée, bientôt elle sera noire. C'est encore un plaisir de se déshabiller et d'entrer dans le fleuve, de se laisser emporter par le courant si puissant. Il faut bien s'accrocher aux pierres rondes et lisses... Il y a toujours du vent sur les rives ; on sèche vite, le soleil vous tape dans la nuque, et pourtant vous frissonnez...

Le tchaikhan se trouve sur l'autre rive, en face du camp, sur un petit tertre pierreux. Comme nos chalets sur les plus hauts pâturages au col du Julier, il est construit en pierres rondes, bien niché dans la pente, de sorte que le toit et le versant se confondent. C'est là que se termine le col Afié, un vieux sentier muletier qui conduit de la vallée du Diarder Rud à celle du Lahr, et qui contourne ensuite le Demavend pour descendre au Mazandéran.

Quelles merveilleuses sonorités dans ce nom : Mazandéran, pays tropical au bord de la mer Caspienne. Là, c'est le règne de la jungle, de la forêt vierge, de l'humidité, de la malaria. Dans le Gilan, province voisine située à l'ouest, on assèche les rizières, et des Chinois enseignent aux paysans atteints de malaria l'art ancestral de la culture du thé. Dans les petites villes côtières vivent les pêcheurs de caviar originaires de Russie.

À l'est commencent les steppes, pâturages des Turkmènes Tekké avec leurs tapis de couleur rouge et poil de chameau, leurs rangées de tentes, leurs sacoches accrochées aux selles. Ils élèvent des chevaux que des gamins de sept ans montent en automne lors des grandes courses des steppes. Dans le port de Krasnovodsk commence le chemin de fer russe, une voie unique qui court à travers la steppe, en direction de Merv, Boukhara, Samarcande. Là, nous sommes déjà près des Tadjiks aux cheveux bouclés, de leur État soviétique en haut du Pamir. L'Asie...

Depuis nos tentes nous observons ce qui se passe de l'autre côté du fleuve. Des caravanes de mulets tournent le coin, au son des cloches et des appels des caravaniers. D'autres montent vers la vallée, et on les voit de loin. Ce sont des ânes et des cavaliers, parfois des chameaux. Des caravanes, des nomades, des soldats. Les soldats, yeux en amande, tout bronzés, sont assis sur leur selle ; ils étendent les jambes en avant et galopent à bride abattue. Tous s'arrêtent devant le tchaikhan ; beaucoup y passent la nuit.

Au bord du fleuve, là où il y a beaucoup d'herbe, les animaux paissent, ou bien ils se roulent sur les bancs de sable. Dans l'obscurité, nous voyons en face un feu bien rouge ; il remplit l'ouverture du khan, là où les hommes sont assis autour du samovar...

Souvenir de Moscou

Début août. Il y a un an, j'étais en Russie. Il faisait très chaud, les rues de Moscou étaient torrides, il y avait toujours des nuages blancs dans le ciel, et au-dessus de l'aéroport les avions se croisaient, se renversaient puis se redressaient, comme des voiliers avant que n'éclate la tempête. Les sauts en parachute suscitaient l'enthousiasme des jeunes. À cinq, six mille mètres, les parachutistes se jetaient dans le vide, se laissaient tomber comme des pierres tout en chantant pour ne pas être tués par la pression atmosphérique. Des bribes de chants héroïques parvenaient jusqu'à nous. Puis, très bas, ayant déjà atteint les pointes argentées des émetteurs-radio, ils déployaient leur parachute et retombaient lentement sur terre. Combien de temps cela durait-il ? Plusieurs minutes ? On les voyait tomber, terriblement lentement, puis planer. Tout cela en une fraction de seconde. Une ouvrière de dix-sept ans sauta de trois mille mètres et se tua. On la retrouva plus tard, la main crispée sur sa bandoulière au lieu du cordon qui aurait dû ouvrir le parachute. Allait-elle être proclamée « héroïne du peuple » ?

L'ambition fouettait les jeunes qui remplissaient les rues en blouses blanches ou dans les bleus tout graisseux des ouvriers du métro. Jusque tard dans la nuit. Le jour de la « Fête de la Jeunesse », il leur fallut dix heures pour défiler tous sur la place Rouge. Et chaque jour, ils se pressaient devant la Salle des congrès et dans les couloirs du Club de la noblesse pour voir les poètes. D'abord Gorki, puis tous les jeunes écrivains. Et on leur réclamait des livres sur la Russie, sur les marins, sur les aviateurs, sur les scientifiques, les ouvriers du métro, les ouvriers des kolkhozes — sur les femmes, les écoliers, les héros parachutistes. On commençait vraiment à se faire du souci pour l'art...

« Qu'allez-vous faire en Perse ? » me demanda Malraux. Il connaissait les ruines de Raghès. Il savait aussi ce qu'est la passion de l'archéologue. Il a beaucoup réfléchi aux passions humaines et savait les débusquer ; il avait tendance à ne pas en faire grand cas, sauf de ce qui finissait par en rester : la souffrance. Il me demanda : « Seulement à cause du nom ? Seulement pour être *très loin* ? » Et je songeai à l'épouvantable tristesse de la Perse...

À cette époque, j'étais souvent avec Eva. Son mari était membre du Parti, il parlait avec dureté et passion de la nécessité qu'il y a, même à l'époque moderne, et plus encore aujourd'hui, de lutter pour une communauté humaine qui serait la société de l'avenir.

Il se donnait le nom de « camarade », et pourtant il se sentait très seul parmi eux, comme tous ces gens exceptionnellement doués qui depuis toujours se tiennent à l'écart tout en aspirant à être acceptés. Il avait été élevé chez les Jésuites. Profondément déçu, il avait rejeté le *credo quia absurdum*, avait renoncé à de hautes satisfactions spirituelles et refusé le compromis qui consiste à s'accommoder des défauts du monde en les niant ; à maintenir les masses dans une obéissance servile, à renvoyer leur exigence de bonheur dans l'au-delà ; à détourner jusqu'à l'impulsion révolutionnaire de la jeunesse (qui est l'éternel garant de la pensée progressiste de l'humanité) par une discipline militaire et une idéalisation du sacrifice, et à la mettre au service de l'ordre établi. Tout cela, il l'avait rejeté face à la violence et à l'urgence de la situation, aux abus, à la réaction croissante, aux souffrances de ses semblables.

« Avez-vous lu *Les Années décisives* de Spengler ? » me demanda-t-il. Quelle intelligence, quelle lucidité ! Mais pourquoi ce « courageux pessimiste » se place-t-il si inconditionnellement du côté du monde agonisant ? Pourquoi déteste-t-il tout ce qui est nouveau et en gestation, tout ce qui est encore dans les douleurs de l'enfantement ? L'ouvrier, le continent asiatique et ses peuples dont la conscience s'éveille à l'histoire ? Pourquoi faut-il préférer à tout nouveau changement les monarchies, même constitutionnelles, qui, malgré leurs corps d'officiers, ne peuvent empêcher un bouleversement tragique de l'histoire ? Il est attaché de façon figée, vaniteuse et servile à la partie du monde qui a le pouvoir, mais nous, génération vouée à lutter et à mourir, nous voulons au moins être du côté de l'avenir. »

Il travaillait nuit et jour. Épuisé, amaigri, se consumant intérieurement, il ressemblait à un moine militant, parfois à un savant. Il s'habillait de façon bourgeoise, portait sans y prendre garde des costumes bleu foncé, une cravate. Sa femme était délicate, blonde, silencieuse, rongée par le mal du pays. Elle avait grandi dans une ferme du Holstein, et elle aurait dû y rester toute sa vie, avec ses jeunes frères, s'occupant à mettre des fruits en bocaux, à faire des gâteaux, à travailler au poulailler et dans son grand jardin de fleurs. Maintenant, son mari devait partir pour six mois en Sibérie — ce qu'elle redoutait.

« Que veux-tu ? dit-il (nous dînions tous les trois). La Révolution n'est pas une partie de plaisir et ne se fait pas dans des congrès de poètes.

— Ne peux-tu pas m'emmener ?

— Impossible. Tu ne ferais que me gêner.

— Alors, peut-être pourrais-je aller... en Suisse ? demanda-t-elle timidement.

— En Suisse ! répéta-t-il furieux. À Ascona, chez des amis ? Pourquoi pas en Allemagne pendant que tu y es ? Est-ce que tu parles sérieusement ? »

Elle pleurait.

Il s'adressa à moi.

« Ne pouvez-vous pas lui faire comprendre ? demanda-t-il. Je voudrais qu'elle reste à Moscou, qu'elle entre comme ouvrière dans une filature. Expliquez-lui donc ! Vis-à-vis de mes camarades, je ne peux pas me permettre d'avoir une femme qui va à Ascona pour s'amuser. J'ai besoin d'une femme qui y mette du sien.

— Elle a le mal du pays, dis-je.

— Et vous ? demanda-t-il durement, n'avez-vous pas le mal du pays peut-être ? Pourquoi avez-vous choisi, *vous,* une vie aussi inconfortable ? »

Il nous quitta pour aller à une réunion. Eva et moi restâmes assises à table. Elle pense au Holstein, me dis-je, à des prés où paissent des vaches tachetées, à des groseillers. Et moi, à une certaine rive du lac près de la maison...

Eva avait cessé de pleurer.

Un jour, je me retrouvai seule sur un bateau russe en mer Caspienne, et débarquai le soir suivant à Pahlevi. Il pleuvait. Un aigle de mer s'était posé sur la plage de sable fouettée par la pluie et regardait par-delà la mer. On était en septembre, l'été était fini, et c'était aussi la fin de la Russie. J'avais vu disparaître les vignobles, les vertes collines de Géorgie, et là s'étendait maintenant cette plaine semi-désertique entre Tiflis et Bakou. C'était le retour de l'Asie, tout là-bas, une piste caravanière et les premiers chameaux...

La route militaire de Géorgie n'était déjà plus qu'un souvenir. De même les gorges pleines de fraîcheur et du bruit de l'eau, et les hautes parois rocheuses ; au fond, émergeant brusquement des nuages pour s'élancer dans le ciel bleu, la pointe du Kazbek. Les soirs d'été dans les villages...

Un ami vint me chercher à Pahlevi. Nous roulâmes le long de la plage, si près de l'eau que parfois une vague s'engouffrait sous les roues et jaillissait comme un étendard. Le sable mouillé était aussi lourd que de la neige. La nuit tomba. Derrière les dunes s'étendait, pleine de brume et de crépuscule, la jungle de Rasht. De la brume émergeaient des feux allumés dans des maisons ouvertes aux toits de chaume très bas sous lesquels se tenaient les paysans de Gilan — on voyait leurs visages fantomatiques ravagés par la malaria près des lampes rouges. Le vent soufflait dans les arbres qui avaient été anéantis par la sécheresse de l'été et perdaient maintenant leurs feuilles.

Dans les villages, les rues des bazars étaient éclairées ; dans chaque boutique brûlait une lampe, les boulangers travaillaient à la lueur de leurs fours ronds et jetaient les pains plats légèrement dorés sur un bout d'étoffe pour les faire sécher. On pouvait acheter des melons et des aubergines, taches de violet et de vert foncé, et des centaines de légumes et d'épices. Il y avait de la vodka et de l'arak dans des bouteilles blanches. Les marchands étaient assis silencieusement derrière leurs paniers.

Nous passâmes la nuit à Rasht. Le lendemain, la pluie tomba sans arrêt. Nous traversâmes la vallée de Sefi Rud et montâmes au col de Qazvin. De l'autre côté, c'était la plaine et, dans une oasis, la ville de Qazvin. Au-delà de sa porte colorée, la plaine s'étendait jusqu'à Téhéran.

Le bout du monde...

Nous appelons parfois cette vallée Bout du monde, parce qu'elle est située bien au-dessus des hauts plateaux du monde et qu'on ne peut aller plus haut, à moins d'escalader le cône lisse du géant, cet être supraterrestre et inhumain qui touche le ciel. Il barre l'issue de la vallée, mais quand on s'approche de son flanc zébré de neige, il offre tout de même, aussi lointain que la lune, un spectacle grandiose.

J'ai dit l'issue de la vallée : c'est donc qu'elle doit mener quelque part ? Que les eaux du fleuve descendent quelque part ? Les bergers me montrent de la main qu'elles contournent le pied du Demavend par la droite. (Quelle peut bien être la taille de son pied ? Y-a-t-il encore tout au fond de la lave en fusion ?)

Oui, la vallée descend à Mazandéran. D'abord dans les verts pâturages. Puis à travers la forêt, qui sera bientôt une forêt vierge : ours, loups, panthères et chats sauvages y sont chez eux. Ensuite, c'est la jungle tropicale, la dune. Finalement, le lac Kaspi, gris au milieu des plaines venteuses. Les villages sont comme ensorcelés, des crânes d'animaux blanchissent sur les pentes, un cercle magique les entoure ; pas le moindre souffle de vent, mais à l'abri des dunes, qui les isolent de la mer comme une digue, on devine son murmure agité, et, au-dessus, les cris des oiseaux qui se dirigent vers les steppes de l'est...

Quand le fleuve se rétrécit, se divise en plusieurs bras, la vallée du Lahr disparaît dans les falaises noires. Les bras du fleuve refont surface dans une plaine, vaste bassin où les nomades ont planté leurs tentes. Le soir, les eaux sont calmes, miroitantes, comme de l'argent, sortes d'artères dans la verdure couverte d'ombres. Derrière se dressent les rochers. Ah ! pouvoir y grimper ! Regarder par-dessus le toit de l'Asie ses massifs montagneux et ses précipices ! On descend le col de la Vieille en direction des eaux bleues du golfe Persique, de ses petites villes portuaires : Bender Bushehr et Bender Abbas.

Les consulats européens y tombent en ruine. Un employé anglais, le seul qui soit resté, va tous les soirs, vers sept heures, au bar d'un hôtel du port ; vêtu de son costume blanc de soirée, il boit son gin-vermouth au milieu des contrebandiers et des policiers.

Il fait très chaud là-bas. Les bateaux qui accostent ont des voiles empourprées. Parfois, on voit un feu à l'horizon et on croit qu'un incendie a éclaté à bord d'un bateau. Mais c'est seulement la lune qui se lève. Parfois, il y a des tempêtes de sable qui viennent dévaster la côte agonisante sous la canicule ; quatre heures auparavant, la même tempête a traversé l'Inde, a été annoncée à Karachi, a traversé le désert de sable du Baloutchistan. Tel de la neige, le sable a envahi les maisons de Bushehr. Les Bakhtiars attendent dans leurs montagnes, et les Arabes aussi, bouche et oreilles protégées par leur keffieh. Les tempêtes de sable traversent la nuit à une vitesse terrifiante, des collines entières se soulèvent et s'envolent. Les animaux périssent asphyxiés, des gazelles, leurs beaux yeux éteints...

« Et il contempla la beauté du monde. » Là-bas, sur la dernière route qui débouche sur la mer, il y a l'île d'Ormuz, autrefois un joyau défendu par les Portugais. Les ruines, énormes blocs de pierre au milieu d'épais fourrés, rappellent les forteresses et les églises du Mexique. Mais beaucoup plus loin, sur le plateau, entourant les montagnes comme de grands vaisseaux, se dressent encore les colonnes de Persépolis. La terrasse royale s'élève à mi-hauteur de la montagne : sublime champ de ruines. Il y neige parfois. En haut, sur les tombes des Achéménides, se tiennent des troupeaux de bouquetins et de mouflons dont les cornes sont enroulées en arrière comme des boucles. La nuit, les gardiens logent dans les chambres mortuaires, et la flamme de leurs flambeaux, glissant le long des hautes murailles, anime les bas-reliefs : cortèges fantomatiques de chasseurs, de bergers, d'hommes chargés de tributs, de rois.

En bas, dans la plaine blanche de lune, dorment les grands chiens de berger et les troupeaux de moutons laineux. Sur la route de Shiraz se trouve un tchaikhan de brique crue. Des camions envahissent la cour où s'entassent les bidons d'essence. Il y a des chauffeurs, des ouvriers et un fumeur d'opium. Ils lèvent la tête vers la terrasse où se dressaient jadis les palais de leurs rois. Alexandre, après un festin, ivre, amoureux des trésors de la bibliothèque de Darius tout en les haïssant, fit mettre le feu aux palais. Ce fut comme une fin du monde quand le toit, soutenu par de puissantes colonnes et des statues d'animaux, s'écroula. Le vent souleva la fumée et les flammes, et transporta ce funeste nuage vers la plaine. Le jeune roi se délectait du spectacle de ce massacre. Ses soldats, dans leur avidité désordonnée, couraient comme des ombres à travers les flammes, dérobant et pillant, et ils furent tués par les poutres qui s'effondraient...

Les habitants de ce pays vivent dans une

épouvantable solitude ! Il faudrait porter des bottes de sept lieues pour aller d'un village à un autre, et ce qui les sépare c'est le désert, les rochers, une forme ou une autre de solitude. Au treizième siècle, les Mongols arrivèrent des plaines asiatiques pour envahir les villes perses. Des écrivains arabes racontent que l'on a tué, rien que dans la florissante ville de Raghès, un million de personnes. À Demavend, village de montagne, les paysans se réfugièrent dans la mosquée, mais ce fut peine perdue car les cavaliers mongols les pourchassèrent à travers les rues et les massacrèrent tous. Ils trouvèrent même Alamuth, le château du « Vieux de la Montagne » qui est dissimulé sur un rocher de l'Elbourz et d'où l'Ismaélite envoya les jeunes gens consommateurs de haschisch perpétrer leurs assassinats : par-delà le désert, jusqu'à Antioche, la ville des croisés, jusqu'en Égypte. Le château d'Alamuth était déjà devenu une légende, on ne pouvait accéder au rocher qu'au moyen d'échelles de corde, mais les Mongols en trouvèrent l'accès et rasèrent la forteresse.

À l'époque, les gens quittaient la plaine pour aller se réfugier dans les montagnes — comme quand le sceptre de l'islam dévasta la Perse. Dans les vallées les plus reculées, les villages ont des noms persans, et leurs habitants ne se sont mêlés ni aux Arabes ni aux Mongols. De hautes parois montagneuses les séparent des autres.

Dans la plaine, ce sont les déserts, paysages lunaires vallonnés, qui s'agitent comme la mer au gré des déplacements de la lumière. Et la route est toujours, toujours toute droite. Sur le flanc d'une colline, tout au sud, se trouve la ville de Jezdi Chast ; ses maisons investissent la crète comme une forteresse, et l'ombre de cette fantastique silhouette est projetée dans la plaine. Mais les maisons sont délabrées, la maçonnerie s'effrite entre les poutres de bois, et le vent siffle à travers les fenêtres sans vitres. Tout autour du rocher et de la ville, il y a une large bande d'herbe verte où paissent les moutons : enfin un petit endroit hospitalier.

Ce sont les habitants des villages, du plateau, des dunes et des marécages du Mazandéran, des villes portuaires du golfe. Ce sont les nomades des monts Bahktiari, les bergers, les éleveurs de chevaux de la steppe turkmène, les pêcheurs de caviar. Ce sont les paysans et les marchands du bazar et les artisans : boulangers et forgerons, peintres, laveurs de tapis. Ce sont les caravaniers, les conducteurs de camions. Les ouvriers et les soldats. Les mendiants.

J'ai demandé une fois à Moscou pourquoi on ne fait pas de propagande communiste en Iran, pays voisin. Les Perses sont pourtant le peuple le plus pauvre...

« C'est impossible, m'a-t-on dit, ces gens n'ont aucun lien entre eux, aucune conscience communautaire. Ils sont si isolés qu'ils ne sont même pas conscients de leur pauvreté et de leur misère. Ils ignorent également que l'on peut vivre mieux et être plus heureux ; ils croient que c'est Dieu qui les frappe chacun du sceau du malheur. »

Mais la vallée du Lahr est beaucoup plus solitaire encore que Jezdi Chast, et que les villages isolés dans la montagne, et que les tentes des nomades dans la steppe. Cela dépasse les limites de l'humain, tout comme on dépasse la limite de la zone de végétation ; les nomades et les caravaniers qui la traversent en été la quittent au bout de quelques mois, avant qu'elle ne soit recouverte par la neige.

… et un être humain à bout de forces

> Te souviens-tu de nos heures calmes,
> quand il n'y avait que nous et nous ?
> Quel triomphe ! tous deux si libres et fiers
> et éveillés et florissants et brillants
> dans l'âme, le cœur, le regard et le visage,
> et tous deux côte à côte dans une paix céleste !
>
> HÖLDERLIN.

Mais qu'arrive-t-il quand un être humain est à bout de forces ? (Ce n'est pas une maladie, pas une douleur, pas un malheur, c'est plus grave.) Un matin, il est assis devant sa tente et regarde par-delà le fleuve. En face, les mulets paissent l'herbe haute des rives. Une brise légère fait ployer les tiges, comme un champ de blé, et transporte la fumée du tchaikhan vers le col. Les gardiens des chevaux du shah arrivent des pâturages sur leurs blancs chevaux tachetés et les font avancer au galop sur les galets de la rive en poussant des cris. Le soleil est déjà fort, blanc et zénithal. On a l'impression que le vent le pousse comme des nuages ou des gerbes de poussière. Les yeux se fatiguent à force de regarder en face. Rochers gris, basalte bleu, désespérément douloureux. Si l'on regarde longtemps l'eau noire, rapide, brisée de reflets, on a le vertige et l'on éprouve quelque chose qui ressemble à de la peur.

Se lever, pense-t-on, redresser ce dos douloureux. Pendant l'après-midi, quand on est étendu sur son lit de camp dans la tente chaude et à demi plongée dans la pénombre, on se rend compte qu'il n'est pas possible de se reposer. Puis vient la désespérante frayeur des nuits ! Cela prendra fin, un nouveau jour va poindre, une aube grise, jaune, dorée, et la magnifique transformation du fleuve va commencer : la nuit, c'est un fleuve lunaire, noir et pourtant semblable à un miroir ; tout s'étire très loin, s'aplatit, si bien que les collines reculent et que les rochers s'écartent ; fleuve lunaire très très élargi, où glissent les poissons endormis — ou morts ? —, le ventre tourné vers la surface.

Le jour : torrent rapide, argenté sur les pierres, avec des taches de soleil. Un nouveau jour !

Mais qu'entreprendre ? N'y avait-il pas, hier encore, mille choses à faire ? Marcher dans les prés et se laisser porter en aval par le fleuve, escalader les rochers, sentir dans ses mains égratignées la pierre dure et brûlante ; vaste vue sur la vallée avec ses bergers et ses troupeaux, ses tentes de nomades, ses cent cinquante chevaux, ses bancs de sable blanc ; léger nuage (ou est-ce de la fumée ?) flottant autour du Demavend, sommeil et chaleur des rêves, et pendant les heures de la soirée barboter le long du fleuve et jeter la ligne. C'était cela, vivre !

Qu'est-ce qui a changé depuis ? On lève lentement la main et on serre le poing. Impossible de serrer le poing. Tout est fade et insipide, et le manque d'envie, maladie affreusement éprouvante, pire que la malaria, niche déjà dans votre dos, dans vos genoux, dans votre nuque. Les mains deviennent moites, parler demande trop d'efforts. Il faut se lever et marcher ! Les battements du cœur s'accélèrent, et on longe le fleuve, en hâtant le pas pour ne pas succomber à la tentation de se jeter par terre et de pleurer à force de lassitude et de désespoir. Non, on ne pleurera pas. C'est beaucoup, beaucoup plus grave que cela. On est seul.

Le vent et les montagnes alentour ne sont même pas hostiles, elles sont seulement trop grandes. On ne peut être que perdu au milieu d'elles, plus rien n'a de sens, et les efforts que l'on fait sont balayés par le vent... Est-il possible de s'enfuir ? se demande-t-on, et si l'on se force à continuer de marcher, c'est seulement par instinct de conservation. On commence à murmurer les noms des gens que l'on croit aimer. C'est affreux de voir qu'eux aussi sont balayés, leurs visages réduits en lambeaux, leurs yeux vides, leur corps si loin, insaisissable, perdu... Non, pense-t-on, soudain prêt à aller jusqu'au bout, cela ne peut plus durer, pas un quart d'heure de plus, il faut trouver quelque chose, il faut s'en sortir, et l'on enfonce les mains sous sa ceinture, sur ses hanches, on fait un effort sur soi-même, on se secoue. Soudain, on s'aperçoit que pendant tout le temps que l'on marchait, on a serré les dents. On est couvert de sueur, hors d'haleine, mais la peur est à nouveau là, à vous donner la nausée, et on est à bout, à bout...

On s'agenouille, à moitié couché, dans le vent. Il en sera toujours ainsi, pense-t-on, toujours. Maman, pense-t-on (comme ce nom aide à pleurer !), il y a quelque chose, tout au début, que j'ai fait de travers. Mais ce n'était pas moi, c'était la vie. Tous les chemins que j'ai suivis, tous ceux que je n'ai pas suivis, aboutissent ici, dans cette « Vallée heureuse » d'où il n'y a plus d'issue, et qui, pour cette raison, doit ressembler au royaume des morts. Elle est remplie d'ombres du soir qui descendent lentement des montagnes et recouvrent les pentes et les troupeaux endormis, accrochés à leurs flancs comme du duvet. Et dans la lumière nocturne émergent doucement, les unes après les autres, cimes et crêtes : décor de bout du monde.

On se relève, un peu réconforté. Timidement,

on pense à des possibilités qui existent en-dehors de ce pays, dans une sorte de brouillard, très loin. On pense à des régions plus clémentes avec des collines verdoyantes, des lacs bleus, des voiles blanches, des choses agréables ; on pense aussi à des villes — rues animées aperçues d'une fenêtre, sifflements des bateaux dans les ports, bars à vin obscurs dans une petite ville, une route qui mène à la maison après avoir traversé des collines et longé le lac. Timidement et passionnément, on cherche un visage empreint de chaleur humaine qui aidera à revenir à la vie bien ancrée dans ses croyances, avec sa respiration profonde. Ah ! on finira bien par trouver un jour une âme secourable...

Et sur le chemin du retour — on a maintenant le vent dans le dos —, on évite de longer le fleuve ; on a peur de glisser du bord, là où l'eau, profonde et sombre, coule lentement, et de maintenir son visage dans l'eau fraîche jusqu'à ce que toute sensation de désarroi et de douleur soit anéantie. On suit le sentier des muletiers et on ne quitte pas les tentes des yeux.

L'Ange
(pour Cathalene Crane)

Cette nuit-là, l'Ange entra dans ma tente. Depuis mon lit de camp, je le vis repousser le rideau et entrer sans se baisser, bien que même pour moi, simple mortelle, l'ouverture fût trop basse. Il se tenait dans l'ombre, mais de façon à être vu.

« Je suis revenue », dis-je.

Il était là, je ne sais même pas s'il me regardait. Sans doute son regard était-il encore dehors, dans la nuit de la vallée, et la lueur qu'il diffusait ressemblait à celle qui entoure la cime enneigée du Demavend.

« Ce fut assez difficile, dis-je d'un ton hésitant.

— Oui, dit l'Ange, ce fut terriblement difficile, car j'ai lutté avec toi. »

Je me souvins alors que j'avais lutté avec l'Ange pour sauver ma vie que je croyais perdue.

« J'avais une envie presque irrésistible, dis-je,

de glisser dans le fleuve et de maintenir mon visage dans l'eau sombre, fraîche et mortelle. Oui, je voulais mourir. »

Je le vis me faire de la tête un signe d'encouragement, et je continuai.

Ce ne fut que la dernière tentation, pas la pire. Je me suis éloignée des tentes quand j'ai senti que je n'en pouvais plus... »

— Quand tu as cru que tu n'en pouvais plus... » me corrigea l'Ange.

— Je marchais dans l'herbe haute qui pousse sur les rives du fleuve, dans l'herbe courte des sauterelles et dans les pâturages. Le vent me soufflait au visage ; je voulais me détourner, me jeter par terre et ne plus rien savoir. J'ai failli le faire...

— Mais tu as continué de marcher.

— Mais j'ai continué de marcher, et le vent me soufflait en plein visage. Je montai sur les crêtes des collines et évitai les chameaux qui y paissaient. J'évitai aussi les chiens de berger.

— Moi, tu ne pouvais pas m'éviter, dit l'Ange.

— Puis j'ai traversé le fond de la vallée. As-tu vu comme je serrais les dents et enfonçais mes mains sous ma ceinture, sans crier et sans pleurer ? »

Il ne répondit pas. J'entendais seulement le vent qui tirait sur les cordes et la toile de la tente.

« Et ensuite ? demanda l'Ange.

— Ensuite, j'ai gravi une colline qui m'avait semblé tout d'abord à une distance inaccessible. C'était un tumulus ancien. Entre-temps, l'ombre avait déjà atteint la plaine, le soleil illuminait des montagnes lointaines, tout rayonnant, mais moi je frissonnais.

— Qu'as-tu fait sur cette colline ?

— Je me suis baissée, car il y avait des débris de verre et de tuiles en terre cuite. Je les ai ramassés et examinés, et puis je suis allée au pied de la colline où un ancien voleur — ou un curieux — avait creusé un trou en forme d'entonnoir ; là j'ai vu les murs de fondation d'une ancienne forteresse...

— Tu ne m'as pas vu, moi ? » demanda doucement l'Ange.

Je me taisais. Les yeux fermés et les membres paralysés, j'étais allongée sur mon lit étroit et j'écoutais. Je sentais battre mon cœur à un rythme anormal et je sentis soudain des douleurs dans mon dos, une faiblesse dans mes genoux légèrement fléchis, une mollesse moite dans mes mains. Je sentis que le sommeil était très loin et que le vent, prisonnier de la vallée, tirait sur les parois de ma tente.

« Cher Ange, dis-je, cher Ange, aide-moi ! »

Saisie par la peur, j'ouvris les yeux.

Il se tenait au milieu de la tente, la lumière

douce et mate du Demavend inondait sa silhouette.

« Sur la colline, dit-il, j'ai commencé à lutter avec toi. J'ai vu que tu souffrais. J'ai vu que tu te tourmentais, contre toute raison, et que tu mettais ton ultime espoir dans un miracle. Qu'avais-tu ? »

Cette épouvantable question me rendit muette, et je fus reprise par un désespoir sans nom.

« Je l'ignore », dis-je.

Mais il ne me demanda pas de prier ou de me confier à lui comme l'exigent les gens, les prêtres et les médecins.

Il s'approcha de moi.

« J'ai vu, dit-il, que tu escaladais les crêtes des collines et traversais la vallée, et j'ai bien vu que tu étais à bout de forces. Si encore tu avais eu une assise, une assise face aux hommes et une assise sous tes pauvres pieds. Mais j'ai bien vu que tu n'avais plus rien à opposer et que pour cette raison tu voulais mourir. »

Il se pencha vers moi.

« Car tu es faible, dit-il, tu fais partie des plus faibles, mais tu es sincère. Et j'ai décidé alors de lutter avec toi pour que tu puisses surmonter ta peur.

— Je n'avais pas peur, dis-je à voix basse.

— Ta peur, dit l'Ange, était si grande que tu voulais cacher ton visage, dans l'herbe haute, dans l'herbe rase, et dans les flots sombres de l'eau mortelle. »

Je me taisais.

« Ne crois pas que je puisse te faciliter la tâche », dit l'Ange.

Je poussai un profond soupir.

« À quoi penses-tu ? » demanda l'Ange. Il était si près de moi que j'aurais pu facilement le toucher.

« Je pense, dis-je, que si tu m'autorisais à te toucher, je me sentirais un peu mieux. Si je pouvais seulement étendre la main !

— Mais tu ne peux pas bouger, dit l'Ange gentiment, tu es complètement désemparée et à la merci des anges de ce pays qui sont terribles. Ne te fais pas d'illusions. Le fait que j'aie décidé de lutter avec toi ne veut rien dire. Te souviens-tu comment tu t'es relevée sur la colline, les mains pleines de débris ? Tu pensais te redresser contre le vent et la froidure du soir. Mais tu t'es redressée avec mon aide, et puis je t'ai laissée ; alors, fortifiée, mais pas réconfortée, tu as traversé la vallée pour retourner aux tentes.

— Tout le temps, j'ai veillé à ne pas m'approcher du fleuve.

— Tenais-tu donc de nouveau à la vie ?

— Non, dis-je. Le vent mettait en lambeaux les visages de ceux que je croyais aimer.

— Je ne suis pas venu pour te faciliter quoi que ce soit, dit l'Ange, pas *dans ce but.* Je voulais seulement voir où tu en étais. Je voulais voir si tu supportais mieux la solitude et l'isolement de mon pays.

— De ton pays ? demandai-je d'un air sceptique.

— N'attends pas trop de moi, dit-il sévèrement. Nous aussi, les anges, nous avons des contraintes. Il y a dans ce pays des milliers d'anges que tu peux rencontrer et que tu crois peut-être chargés de ton propre salut. Mais contrairement à ce que tes parents t'ont raconté, ton ange gardien n'existe pas. Il n'y a rien qui puisse soulager ta solitude. Il faut que tu te contentes de moi, un ange parmi des milliers...

— Je ne suis pas mécontente, osai-je objecter, mais je suis si seule, et je ne sais plus ce qui peut me soutenir et me consoler. Aujourd'hui, tu m'as aidée encore une fois — ce fut suffisamment dur —, mais on ne rencontre pas un ange tous les jours. Et pourtant, chaque jour a une aube et un crépuscule qui brûlent comme le feu de l'enfer, et des heures vides qui se suffisent à elles-mêmes, mais pas à moi.

— Exprime-toi plus clairement », dit l'Ange d'un ton sévère.

J'essayais de fermer les poings, mais mes mains restaient sans force le long de mon corps. Je sentais avec horreur l'impuissance s'infiltrer dans mon corps affaibli, et pénétrer jusqu'au cœur.

« J'ai peur », dis-je en regardant l'Ange. Ou plutôt, j'essayais de le regarder ; son regard, espérais-je, allait me sauver encore une fois, desserrer l'étau qui m'étreignait le cœur, fortifier mes mains.

Mais il se tenait dans l'ombre. Je me rendis compte soudain que je n'avais pas affaire à un être humain auquel, dans un désespoir partagé, on peut se cramponner, ne serait-ce que pour sangloter.

Au lieu de cela, je dis, mortellement lasse : « Je n'en peux plus. »

Il répondit seulement : « Tu es sincère, jusqu'à l'entêtement. Cela ne vaut rien pour affronter la vie qui est en vérité plus forte que toi — que vous tous », et il quitta la tente.

Je ne voulus pas le voir repousser le rideau et sortir sans avoir besoin de se baisser.

Dehors, pensais-je, il est accueilli par *son* pays, *sa* nuit, *son* vent. Je ne pouvais faire autrement que d'entendre le vent tirer sur les cordes et la toile de la tente. Je vis l'Ange s'en aller, la douce lumière du Demavend posée comme un manteau sur ses épaules. Il passa dans les hautes herbes de la rive et entre les cent cinquante chevaux qui dormaient debout. Puis il traversa le fleuve sans se mouiller, passa devant le feu rougeoyant du tchaikhan, sous les rochers de basalte gris à l'abri desquels les bouquetins passaient la nuit. Il m'avait échappé, et je me demandais pourquoi je n'avais pas réussi à le retenir alors qu'il avait lutté avec moi sur le tumulus...

Mais je n'avais même pas pu étendre la main. Et il n'y avait plus personne.

Souvenir : Persépolis

Nous roulions sur la grand-route à travers l'immense plaine de la Perse saturée de chaleur. La route était la même que celle sur laquelle, il y a plusieurs siècles, après l'incendie de Persépolis qui ressembla à une fin du monde, les soldats d'Alexandre avaient gagné le nord pour rattraper le roi Darius. Le roi avait pris la fuite. Il avait été courageux, mais depuis qu'il avait perdu la bataille de Gaugamèles, il n'avait plus aucun pouvoir et ne cessait de fuir, traversant la montagne kurde, traversant ses provinces de Médie et de Bactriane, jusqu'à ce que son propre intendant, Bessos, le fît assassiner.

La plaine de la Perse n'a pas changé depuis, et elle ne changera sans doute jamais. Elle est toujours bordée de montagnes qui ressemblent à des navires échoués et dont on croit se rapprocher — mais, quand on les a enfin atteintes, commence derrière elles une autre plaine qui est en réalité la même, et on n'en atteindra jamais le bout.

C'est ce que je dis à Barbara, assise à côté de moi dans la voiture.

« Nous n'arriverons jamais à Persépolis, dis-je. Nous ne supporterons pas ce voyage.

— Quatre cents kilomètres, dit-elle, tu as déjà fait ça, non ?

— Justement, dis-je, la première fois on se lance parce qu'on ne sait pas ce que c'est. Mais ensuite il vaut mieux ne pas se laisser tenter !

— En l'occurrence, dit Barbara, c'est moi qui t'ai induite en tentation. Je t'ai convaincue de faire ce voyage. Ne dis pas maintenant que tu le regrettes !

— De toute façon, j'aurais essayé de nouveau.

— De toute façon ?

— Parce que dans ce pays il faut s'assurer deux fois des choses que l'on aime.

— Te défends-tu contre la qualité du rêve ?

— Oui, dis-je, je la redoute. Je redoute ce qui est éphémère. »

Mais rien que le nom de Persépolis était éternel et inattaquable, et le seul spectacle de ses ruines était inoubliable.

« Ce pays rend lâche », dit Barbara.

Nous dûmes rouler encore pendant des heures avant qu'il ne fît un peu plus frais, puis encore des heures dans l'obscurité. Jezdi Chast se dressait sur la crête d'une colline, si violemment éclairée par le soleil que nous crûmes d'abord à un mirage. Mais cette ville de mendiants, où les enfants lépreux émergeaient de grottes et de fenêtres délabrées pour entourer notre voiture, était réalité.

Rachid conduisit pendant dix heures sans être fatigué. Pour s'allumer une cigarette, il ne lui fallait chaque fois qu'une allumette. Barbara l'enviait. Je dormais, la tête posée sur mes bras croisés.

À un moment, nous nous arrêtâmes dans une ville pour acheter de l'essence. On nous dit que nous pouvions encore avoir six comme soixante fardas à faire. Rachid dit que l'essence suffirait même pour soixante fardas. Un fardas est l'ancienne mesure de Pasargades ; les troupes perses mettaient une heure à le parcourir.

Je me mis à pleurer.

« Veux-tu passer la nuit ici ? » demanda Barbara. Je cessai de pleurer, et nous continuâmes.

Je ne sais pas si nous traversâmes cette forêt où la route descend en virages serrés, et j'ignore comment nous atteignîmes enfin la plaine au bout de laquelle, tout au loin, se trouve Persépolis.

Nous aperçûmes ses colonnes dans la clarté de la lune, quittâmes la route, et je reconnus tout. J'étais tellement heureuse que je pris Barbara dans mes bras.

Quand, un peu plus tard, nous montâmes sur la terrasse, Rachid dormait sur un lit de camp à côté de la voiture.

C'était une nuit grandiose, éclairée par la lune. Depuis la terrasse, suspendue au-dessus de la plaine comme à des cordages, on voyait tout au fond les montagnes sans pied surgir des profondeurs ; un galon aux reflets argentés entourait leurs grands corps sombres ; une lumière céleste inondait tout, les montagnes, la plaine et les bas-reliefs de l'escalier royal. Le monde était plongé dans un léger sommeil d'altitude, le moindre souffle pouvait le réveiller. Derrière le rocher où les Achéménides reposent dans leurs tombeaux, des nuages s'élevèrent pour glisser vers la Voie lactée ; leur vol était presque serein. Il y en eut de plus en plus, ils se dispersèrent dans l'espace, recouvrirent le bleu d'acier du ciel et cachèrent la lune. La terre gisait dans la pénombre.

« Tout est comme autrefois », dis-je, et mon ami Richard répéta : « Rien n'a changé. Tu te souviens ? »

Je me souvins de nuits semblables, la même ivresse, le même calme, la même tristesse, la même excitation due au même silence de ce lieu, un silence surhumain et sans passion. Mais autrefois on se sentait plus protégé parce qu'il y avait là un homme qui, par la force de son intelligence et de son amour, avait arraché Persépolis au passé et en avait fait un lieu de recherche et d'activité. Le professeur était parti. Emballés dans des caisses, les livres de sa bibliothèque se trouvaient à Bushehr et devaient être expédiés en Angleterre ou en Amérique, selon le pays vers lequel cet apatride se tournerait. Autrefois, les hautes fenêtres de son bureau étaient éclairées toute la nuit, maintenant elles restaient sombres entre les piliers de pierre du harem de Darius que l'on avait redressés et recouverts de poutres et de têtes d'animaux en bois.

« Le professeur ne nous a pas toujours fait la vie belle, dit Richard. Il était si renfermé que l'on n'osait guère lui adresser la parole. Et il ne semblait pas le moins du monde s'apercevoir du travail que nous faisions, il ne nous a jamais fait de compliments. Mais maintenant, j'aimerais qu'il revienne... »

Il y avait donc bien quelque chose de décisif qui avait changé depuis.

On avait chassé un grand savant de son pays parce qu'il était juif, et voilà qu'il avait dû aussi quitter sa terre d'élection, le palais royal des premiers Ariens... Je me souvins qu'un grand diplomate allemand m'avait dit : « C'est justement par les temps qui courent que le professeur, en tant que non-Arien, aurait dû faire preuve d'un tact particulier ! »

« Oui, dit Richard pensivement, c'est l'abominable logique de ces gens... »

Les successeurs du professeur étaient de jeunes Américains, des explorateurs de bonne volonté, des scouts ; mais aucun d'eux ne savait déchiffrer l'écriture cunéiforme.

« Et même s'ils avaient su, dit Richard, même si on envoie ici des gens compétents, ce n'est plus la même chose. »

Des amis communs de Téhéran m'ont chargée de réconcilier Richard avec la nouvelle situation et de l'inciter à rester.

« Et toi, demandai-je, tu vas tenir le coup, dis ? On a besoin de toi ici, non ?

— Tenir le coup ? » demanda-t-il.

Il était à quelque distance, dans l'ombre d'une porte. Au-dessus de lui, un génie barbu déployait ses ailes.

« Tu aimes cet endroit », dis-je.

Il acquiesça.

« Depuis quatre ans, dit-il, et depuis quatre ans je ne suis pas retourné en Allemagne... Les Américains détestent l'Allemagne, poursuivit-il, ils la détestent comme seuls des gens sans culture peuvent haïr. Ils ne savent pas que la croix gammée n'est pas l'Allemagne, et ils oublient que le professeur était aussi un Allemand.

— Tu ne peux pas le leur expliquer ?

— Moi ? demanda-t-il.

— Tu sais bien.

— Non, je ne sais pas. Toutes ces années, j'ai eu le mal du pays, la nostalgie d'une Allemagne qui n'existe manifestement plus. Et ce qui existe aujourd'hui, on ne peut pas en prendre la défense. On ne peut absolument pas !

— Non.

— C'est pourquoi je suis contraint d'entendre chaque jour leur haine, leur mépris et leurs blagues. En outre, ma mère est juive. »

Je ne dis rien, sidérée.

D'ailleurs, Richard ne semblait pas attendre de réponse. Il resta silencieux un moment, la tête relevée. Je voyais sur son visage d'enfant les mâchoires ressortir, le front bas et anguleux se plisser, les sourcils épais se froncer. Puis il vint lentement vers moi.

« Tu ne devrais pas parler de tenir le coup, dit-il, pas toi. Tu sais bien que ça n'existe pas dans ce pays et que cela n'a pas de sens.

— Alors, tu veux partir ? »

Il acquiesça.

« Et que vas-tu devenir ? Tu veux retourner en Allemagne ?

— Pour aller voir ma mère. Mais c'est tout.

— Et après ? »

Il haussa les épaules.

« Viens, dit-il, les autres attendent. »

Nous descendîmes l'escalier et regagnâmes la maison de l'expédition.

« Il faut que tu prennes ton temps, dis-je. Tu as eu de la patience pendant quatre ans, on n'a plus de véritable critère d'évaluation pour ce qui se passe chez nous.

— Oui, je prendrai mon temps. »

J'aurais aimé lui dire quelque chose de réconfortant. La patience n'est pas une consolation pour quelqu'un qui a vingt-cinq ans, et seule l'impatience pouvait le séparer de Persépolis. Mais en même temps, c'était le sauver de ce pays.

« Tu comprends bien que je ne peux pas rester ici, dit Richard quand nous arrivâmes devant la porte de sa chambre.

— Oui, dis-je, il ne faut pas que tu restes ici plus longtemps. »

Barbara et le jeune Heynes, son compatriote, étaient encore dans la chambre de Richard. Heynes était déjà un peu ivre. Ils discutaient avec animation de Roosevelt et de la *National Recovery Administration* (NRA) ; Heynes n'avait pas grand-chose à opposer aux arguments merveilleusement concis de Barbara. Il tentait de jouer au sceptique, elle protestait de sa voix grave et sévère.

« Où irons-nous, dit-elle, si même les jeunes comme vous ne s'intéressent pas à l'avenir ? L'avenir, notre avenir américain, devrait nous tenir à cœur. Roosevelt nous a tendu la main, nous n'avions qu'à *vouloir* ! Autrefois, à l'Office, nous avons travaillé toute la journée et la moitié de la nuit, et pendant la pause du déjeuner nous nous retrouvions pour discuter. Car il faut *parler* des choses, il faut savoir de quoi il retourne, il faut être *intelligent* !

— À quoi cela sert-il ? demanda Heynes, la tête renversée sur le dossier de sa chaise. À quoi cela sert-il de savoir que l'on ne peut pas résoudre le problème des Noirs et que toute l'Amérique est bourrée de problèmes sur lesquels nos meilleurs hommes se cassent les dents ? À quoi bon tout cela ?

— Si vous saviez, dit Barbara sur un ton de lamentation passionnée, quelle horreur ce fut quand la NRA s'est effondrée ! Nous étions tous si engagés ! »

Heynes sourit d'un air somnolent :

« Tu vois bien !

— Et toi, demanda-t-elle, tu t'occupes de palais achéménides en Perse (*in this rotten country*) et tu crois pouvoir prendre tes distances ? Tu crois que *ça ne te concerne pas* ? »

Il se tut. Et Richard, qui se tenait à côté de moi près de la porte, intervint.

« Que savez-vous de la Perse ! dit-il. En outre, Heynes est architecte comme moi, et pour nous il est très instructif et très intéressant de nous occuper de palais achéménides ! »

D'un mouvement rapide, Barbara tourna sa belle tête de notre côté.

« Vous voilà, dit-elle, et nous n'avons plus rien à boire, me semble-t-il ! » Elle leva vers nous son verre vide.

Nous jouâmes à pile ou face avec un toman d'argent pour savoir qui irait chercher de l'alcool dans la taverne de la sucrerie. Je partis avec Richard, sur qui le sort était tombé.

La sucrerie était en bas dans la plaine. Nous vîmes ses lumières quand nous quittâmes la terrasse pour prendre la route de Shiraz. Le vent projetait devant nous la poussière que nous soulevions, les phares s'y engouffraient comme dans un mur de brouillard. Richard était au volant. Au moins, il n'était pas ivre.

« C'est gentil à toi de venir avec moi, dit-il.

— Autrefois, dis-je, il est arrivé que nous roulions ensemble toute la nuit. Nous avons traversé le fleuve pour aller à Naksch-i-Rustam, et jusqu'à Ispahan.

— Autrefois », dit Richard.

Il regardait droit devant lui, obstiné comme tous les solitaires.

« Cela ne fait pas si longtemps », dis-je d'une voix hésitante.

Cela ne faisait en effet qu'un an, mais j'avais l'impression d'une éternité.

Richard regardait droit devant lui.

« Nous sommes bientôt arrivés », dit-il.

Devant nous se dressait un mur de brouillard éclairé par la lumière jaune.

« J'aimerais, dis-je, que nous retournions à Naksch-i-Rustam, comme autrefois.

— Mais il y a le fleuve à traverser.

— Ou au bout du monde.

— Mais nous sommes déjà au bout du monde. »

Nous entrâmes dans la cour de la sucrerie. Il fallait descendre, aller au baraquement, ouvrir une porte, résister à l'épaisse fumée qui vous assaillait soudain, à cette atmosphère blafarde, à cette multitude de visages persans. L'homme derrière le comptoir était un Russe.

« As-tu de la vodka ? » demanda Richard. Nous pûmes en obtenir deux bouteilles. Pendant que nous attendions, nous eûmes le temps de regarder autour de nous. Ce qui était assis là, c'était peut-être la lie de la Perse. Il y avait des nomades rejetés par leur tribu et qui avaient été tentés par une autre vie. Il y avait aussi des Lurs expulsés de chez eux et des hommes sans patrie venus des villages et des villes. Avec leurs visages maigres et jaunes qui se ressemblaient tous étrangement, leurs corps curieusement affaissés, ils étaient là, vêtus d'habits misérables importés d'Amérique et vendus en gros à Bushehr. Car le costume national persan a été interdit par le gouvernement moderniste.

On fumait de l'opium. Les fumeurs étaient séparés des consommateurs ordinaires ; ils étaient assis dans un coin près du poêle d'argile où se trouvait l'énorme samovar. Si un Européen demande ce qui se passe dans ce coin, on lui répond : « Ces hommes sont malades. » Mais en général ils sont affamés et, engourdis par la fumée à l'odeur douceâtre, ils restent sur leur tapis comme des bêtes et grognent après les étrangers.

Nous payâmes au Russe les bouteilles de vodka. Dehors, le clair de lune blanchissait le sable. Nous fîmes faire demi-tour à la voiture et rentrâmes. J'étais assise à côté de Richard, un bras sur ses épaules. Nous étions amis, comme en des temps qui ne reviendraient jamais. Et ce fut de nouveau un long chemin tout droit à travers le mur de brouillard, puis l'apparition des colonnes solitaires de Persépolis sur une terrasse qui semblait flotter de façon irréelle bien au-dessus de la plaine.

Quand nous entrâmes dans la chambre de Richard, Heynes y était seul. Barbara était allée se coucher, dit-il. Nous nous assîmes, Richard ouvrit l'une des bouteilles. Rendu loquace par l'ivresse, Heynes nous expliqua les nouveaux plans de la forteresse que l'on ne dessinerait plus, comme du temps du professeur, conformément à l'ancien plan de Persépolis, avec un décalage de trente degrés par rapport au nord, mais, comme il convenait, selon les salles carrées de dix mètres carrés orientées vers le nord et le sud.

« Et que va-t-il advenir de mes plans ? demanda Richard.

— De tes plans ? Mais c'est complètement dépassé ! dit Heynes gentiment.

— Et les publications du professeur ?

— Laisse-le d'abord publier !

— Il s'est axé sur les trente degrés.

— Complètement dépassé !

— C'est donc comme ça, dit Richard, c'est comme ça que vous allez vous y prendre ?

— Nous respectons ton professeur, dit Heynes sur un ton apaisant, mais tu comprends bien que nous ne pouvons plus travailler d'après vos plans qui sont dépassés depuis longtemps !

— Bien sûr, dit Richard, et naturellement vous en savez bien plus sur Persépolis. Espèce de sales blancs-becs ! » s'écria-t-il.

Heynes me dit : « Il est toujours comme ça. Il ne comprend pas que nous soyons forcés de recommencer *à zéro* ! » Il était assis par terre au milieu de ses plans nord-sud.

« Écoute, dis-je à Richard, si le professeur se décide à publier, il utilisera tes plans de toute façon !

— De toute façon, certifia Heynes. De toute façon il n'aura rien à faire de mes plans de blanc-bec. Tu peux en être sûr et boire un verre de vodka. »

Réconciliés, nous bûmes encore une vodka.

« Et Barbara ? demandai-je.

— Elle ne voulait plus entendre parler de la vodka de la sucrerie », affirma Heynes.

— Et il doit en savoir quelque chose, dit Richard, somnolent.

— Je ne crois pas qu'elle ne veuille plus entendre parler de vodka », dis-je. Connaissant Barbara, j'étais inquiète.

Mais Heynes ne répondit pas. Je posai mon verre à côté de ma chaise longue et sortis. La porte était un simple cadre tendu d'une moustiquaire. Elle m'était familière, la sensation que j'éprouvais en relevant cette légère séparation entre une pièce remplie d'une atmosphère paisible sous la chaleur de la lampe et la grande irréalité du dehors, le clair de lune, l'éclat du désert, la bande de terrain praticable jusqu'aux crêtes rocheuses raides et blanches, les tombes royales où des bouquetins passent la nuit et où des vaisseaux étrangers gisent pour toujours, toutes voiles figées.

Il ne faisait pas froid, mais l'air tiède me saisit et me fit frissonner. Je marchais entre les nouvelles plates-bandes que la femme du nouveau directeur, une Américaine du Middle West, avait installées. Puis ce furent les alignements de fragments, semblables à ceux que nous avions aussi dans notre jardin à Rhagès. C'était un verger de grenadiers ; comme d'une seconde patrie je me souvins de ses ombres qui m'accompagnaient à ma chambre, le long d'un ruisseau où nageaient des tarantules. Et à l'extérieur, au-delà des murs jaunes du jardin, on entendait les cloches des caravanes de chameaux...

Ici, il n'y avait rien. Ici, c'était Persépolis, lieu sacré, non profané. Et le clair de lune sur les crêtes obliques des rochers. Je cherchais Barbara. J'avançais prudemment entre les alignements de fragments et, quand je les eus dépassés, sur le sable battu par le vent. Puis je trébuchai sur les rails d'une voie, escaladai un tertre de terre fraîchement formé. Derrière, il y avait le garage avec une Buick et deux vieux camions Ford.

« Barbara ! » criai-je.

Elle était assise en haut, presque dans l'ombre des rochers.

« Qu'est-ce que tu fabriques ici ? demanda-t-elle. Tu ne pouvais pas aller te coucher sans moi ? Il est suffisamment tard comme cela ! (*A decent time to go to sleep* !) »

La lumière de la lune baignait ses pieds, de même que l'eau, au gré des vagues, pousse le sable de sa langue avant de le faire redescendre. Je ne disais rien, j'étais trop heureuse d'avoir trouvé Barbara. J'étais assise, la tête sur ses genoux repliés, et je regardais les petites vagues monter jusqu'à ses pieds.

Nuits à Raghès
ou le début de la peur

Les nuits de Persépolis étaient des nuits faciles. Elles étaient claires, pas toujours grâce à la Voie lactée, ni grâce à la lune, qui semblait répandre des flots de lumière sur la plaine endormie ; mais il y avait ces conversations légères et tristes, et l'ivresse légère et agréable due à la vodka. Il y avait les longues aubes que l'on attendait sur la terrasse, et le vent qui soufflait doucement sur nos tempes brûlantes. Étendu sur un lit de camp, on rêvait de chemins futurs qui serpentaient à travers des plaines inconnues pour gagner les montagnes de l'espoir. On était là, plein d'espérance, remué d'un désir qui s'élançait vers le ciel comme les colonnes blanches, et tout là-haut la joie et la tristesse se rejoignaient — on pouvait supporter cela en souriant.

En Perse, j'ai connu des nuits bien différentes.

Tout était plongé dans le noir, sans issue. À Raghès, la ville morte voisine de Téhéran, séparée de ses portes par un simple nuage de poussière, il y avait des nuits sans aucune voix amicale, remplies des bruits d'un monde inconnu. Le nuage de poussière qui nous séparait de la capitale habitée et de ses rues animées était quasiment insurmontable. Car la région qu'il recouvrait et enveloppait n'était pas une terre ordinaire. Depuis plusieurs siècles, c'était un champ de ruines ; après l'attaque des Mongols, plus personne ne s'est établi ici, et à chaque coup de bêche on tombe sur des vestiges de murs, des fragments et les traces de la grande destruction.

Le sable qui la recouvre provient de l'immense désert de sel qui est l'ultime refuge des mulets. Même s'il ressemble à de l'eau et imite l'ondulation des vagues, le sable n'est qu'un élément mort. Mais ce qui est bien pire, c'est que l'on enterre les morts là où les vivants ne veulent plus s'établir. C'est pourquoi la région entre Raghès et Téhéran est devenue un véritable cimetière. En général, chaque tombe est surmontée d'un simple tas de sable, de la même forme allongée que le cadavre en-dessous. Les petites tombes en argile sont peu nombreuses, et les dômes bleus qui brillent au soleil d'un éclat trompeur sont encore plus rares.

Le soir, quand le soleil est près de s'éteindre,

on voit encore au loin, entre les arbres de l'oasis, le dôme doré de Shah'Abdul'Azim, seul signe d'espérance au milieu de cette terre désolée. Mais celui qui se trouve à cette « heure morte » sur la grand-route entre les deux villes s'expose à côtoyer la mort, et pour un peu il enfouirait son visage dans la poussière et s'abandonnerait à un long sommeil, comme quelqu'un qui meurt de froid.

Parfois, on voit au loin des bandes de vautours noirs ; ils attendent sans bouger, et leurs cous dénudés ont le même rouge jaunâtre que le sable. On en aperçoit d'abord une rangée, et cela vous donne des frissons dans le dos ; puis ce sont bientôt des groupes entiers, et ils se multiplient aussi vite que certaines visions de cauchemar. Bientôt la plaine en est recouverte, et de l'autre côté de la route il n'y a que des tombes et des femmes voilées qui passent furtivement entre les morts en signe de deuil. Ce n'est pas moins horrible, et il est inutile que le regard se détourne pour être confronté à cette terrible alternative.

À la lisière du cimetière — pour autant qu'il ne s'étende pas à l'infini — passent les chameaux, car l'une des plus anciennes pistes caravanières de la Perse va de Téhéran à Véramine en passant par Raghès, tout près de notre maison ; elle franchit le gué situé à notre porte et suit le long mur de notre jardin. Voilà pourquoi le son des cloches de ces caravanes hante les longues nuits de Raghès ; elles font partie des voix les plus nettes de mon souvenir. Elles se balancent aux flancs des chameaux et bourdonnent, ou elles carillonnent à leur cou. C'est étrange, et bien qu'elles soient déjà très loin, elles dégagent toujours la même tristesse.

Le matin, c'était le même type de cloche qui nous réveillait. Les chiens qui avaient l'habitude de dormir sur le paillasson près de mon lit se levaient d'un bond. Et c'était le commencement d'une nouvelle journée. J'avais à peine le temps d'enfiler mon pantalon, ma chemise et mon gilet de cuir. Devant la porte se tenait Gellina, une vieille Russe, le verre de thé à la main. « *Drink, my child* », disait-elle. Elle s'adressait toujours à moi en m'appelant son enfant, et quand je suis revenue à Raghès après un an d'absence, elle m'a prise dans ses bras en pleurant. On racontait qu'avant de venir à Raghès comme domestique elle avait tenu un bordel à Téhéran. Mais qu'importe, elle était bonne et tendre, c'était une brave femme. Elle me disait souvent qu'elle priait pour mon âme le soir. Et cela pouvait m'être utile.

Pendant les mois de canicule la cloche sonnait à quatre heures, en automne à cinq heures. L'aube des journées d'automne était la continuation de la nuit. Les dégradés de lumière qui passaient dans le ciel pâle étaient étonnants.

Nous partions en camion sur les fouilles où nos ouvriers récitaient leur prière du matin, tournés vers l'est. Parfois il faisait un froid glacial, mais à huit heures, quand sonnait la cloche du petit déjeuner, le soleil était déjà devant la tente, et pendant que nous mangions nous enlevions nos gilets. La matinée était longue, la journée courte. L'obscurité envahissait le musée pendant que, juchés sur nos tabourets, nous classions les objets et les numérotions pour le catalogue.

George avait sa place à côté de moi, et c'était mon meilleur ami. Plus tard les ouvriers furent congédiés, et nous passions toute la journée dans le musée à « boucler » le travail. Il y avait beaucoup à faire. C'est à cette époque que Van se mit à boire ; il restait toute la nuit à sa table à dessin. Aussi avons-nous pris l'habitude de travailler après dîner. Chacun de nous avait une lampe à pétrole près de lui. Je tapais les fiches à la machine. George, à côté de moi, faisait un travail plus difficile et plus scientifique : il déchiffrait des pièces de monnaie au microscope. Le directeur, un monceau d'objets entassés devant lui, écrivait dans le grand catalogue des textes que je résumais pour les fiches. Le directeur était un Allemand plein de zèle ; il buvait peu, ne lisait rien et travaillait beaucoup. Sa femme, une jeune et riche Américaine, venait parfois au musée et offrait de la vodka. Nous buvions pendant le travail, tout en frissonnant. Ainsi s'écoulaient les longues soirées.

Traversant le verger de grenadiers, George m'accompagnait jusqu'à ma chambre. Bien que nous n'en disions pas un mot, il savait que j'avais peur. C'était une peur étrange et injustifiée. J'avais, toute seule, surmonté des dangers bien plus grands que celui qui consiste à traverser un jardin appartenant à une expédition américaine et entouré d'un haut mur de terre. C'est pourquoi Bibenski, le Russe, ne comprenait pas que j'aie peur, il me considérait comme une fille courageuse.

Parfois, le soir après le travail, je le rejoignais dans sa baraque pour fumer une pipe de haschisch avec lui. Nous restions assis sur le sol de terre battue, le dos appuyé au mur. Parfois il me donnait un coussin et une poustine, parfois il oubliait. Son serviteur bourrait nos pipes : un morceau de haschisch, de la couleur jaunâtre de l'argile, et une couche de tabac par-dessus. Bibenski, maigre, les os des pommettes saillants et les yeux luisants de fièvre, fumait en aspirant profondément la fumée dans les poumons. Je n'y arrivais pas, j'avalais de travers et toussais. Hassan, le serviteur, un garçon de quinze ans, s'en apercevait et se mettait à sourire. Le Russe s'agenouillait devant moi, ouvrait les lèvres, inspirait profondément et me forçait à l'imiter. Je l'imitais en toussant jusqu'au vertige.

« Tu ne sauras jamais, disait-il.

— Je préfère aller dormir », disais-je, et je sortais dans le jardin.

Là, c'était le silence... Mais devant la porte du musée, dans l'ombre, George attendait.

« Je vais vous accompagner », disait l'homme qui, sans dire un mot, devinait mon indicible peur.

Peur ? À l'époque, je ne comprenais même pas ce qu'était ce sentiment nouveau. Plus tard, quand il devint envahissant et faillit me détruire, je compris. Et depuis, tel un nuage de fumée, plane sur la désolation splendide et colorée de ces pays, sur leur souvenir mi-transfiguré, mi-horrible, l'angoisse indicible.

Notre jardin était le verger de grenadiers d'un riche Perse. Entre les petits arbres s'étendaient nos parterres de fragments, et près du chemin coulait le sombre ruisseau aux tarentules. Au fond, il y avait le mur d'argile qui nous séparait du monde extérieur. Mais qu'est-ce qui s'appelait « monde extérieur » ? Le nuage de poussière, la route des caravanes, le gué, la plaine-cimetière, la plaine aux vautours, la route invisible vers la capitale ?

Sous le sable, nous le savions, se trouvaient des ruines, et nous allions creuser à la recherche de précieux fragments. Mais cela faisait partie du jour, et maintenant c'était la nuit.

George marchait à côté de moi dans l'allée,

rejoint par les grands chiens tachetés qui dormaient près de mon lit et chassaient les rats.

Gellina dormait sur la terrasse. Avant d'aller dans ma chambre, je prenais la lampe à pétrole posée sur la table. George me disait bonne nuit et sa chaleureuse poignée de main me calmait, l'espace d'une minute. « Maintenant, tu n'as plus à avoir peur », disait-il. Sa lampe de poche éclairait les marches et le sombre jardin en contrebas. Parfois, nous montions aussi sur le toit où nous nous asseyions pour fumer. À nos pieds, le ruisseau longeait le mur du jardin. Il avait des reflets argentés et traversait la plaine en direction du Demavend. On pouvait le suivre très loin, mais ce n'était pas un véritable réconfort. Dans ce pays, il n'existe pas de véritable réconfort. Et je croyais toujours que sur l'eau argentée des poissons crevés flottaient au gré du courant, leur ventre argenté tourné vers le ciel...

Puis je me retrouvais sur mon lit, et au-dessus de moi il y avait des poutres, et de la paille entre les poutres, et les chiens tachetés respiraient tranquillement à côté de moi, et quand je bougeais ils levaient un moment la tête vers moi. La nuit des rêves commençait. Le mur de la petite maison, le mur de ma chambre, c'était en même temps le prolongement du mur du jardin ; et s'il offrait une protection contre le vent et la pluie, il ne me protégeait pas contre le bourdonnement des cloches des caravanes, contre les cris des caravaniers faisant traverser le gué aux chameaux, ni contre le lent murmure du fleuve argenté. Contre cela il n'existait pas de protection. Il n'existait rien, et je pleurais l'absence de ma mère.

Comme si une âme mortelle avait pu m'entendre !

Je le compris lentement. Ce fut le début de la peur. Et jamais je ne pourrai la vaincre, jamais l'oublier.

Trois fois en Perse...

J'ai essayé par tous les moyens de vivre en Perse, mais ce fut un échec. Autour de moi, je voyais des gens qui essayaient tout simplement de vivre. Ils luttaient contre les mêmes dangers, et tant qu'il s'agissait de vrais dangers, tout allait bien. Comme moi, ils surmontaient les grands sentiers de montagne, les nuits sur les berges inondées, les accès de fatigue et de découragement. Comme moi, ils retournaient un jour dans la capitale, habitaient dans des légations, prenaient des bains, mangeaient bien et dormaient longtemps.

Ils croyaient comme moi que c'était là une façon de se reposer et de reprendre des forces pour de nouvelles aventures. Ils surmontaient la dysenterie et la fièvre, se mettaient à boire et allaient tous les soirs pendant des semaines dans les tristes établissements de Téhéran où l'on trouvait du whisky, de la musique, des danseuses. Les choses se passaient comme dans les villes européennes. Un jour on se ressaisirait... mais combien de temps cela allait-il durer ? Car survenait maintenant l'heure de l'insaisissable danger : on ne pouvait plus prendre de résolutions morales, il ne servait plus à rien de faire des efforts.

Le danger a différents noms. Parfois il s'appelle simplement mal du pays, parfois c'est le vent sec des montagnes qui porte sur les nerfs, parfois l'alcool, parfois des poisons bien pires. Parfois il n'existe pas de nom, et c'est alors que l'on est en proie à l'indicible peur.

Pendant les premiers mois, j'ai voyagé avec de nouveaux amis et j'ai tout découvert : Persépolis et Ispahan, les jardins de Shiraz, les ermitages des derviches à même le roc, les grandes portes des mosquées, les routes qui n'ont pas de fin, et les plaines qui en ont encore moins. J'ai passé les cols et suivi les sentiers muletiers de l'Elbourz. J'ai vu les rives de la mer Caspienne, la jungle, des rizières, des zébus sur la plage fouettée par la tempête, des toits de chaume sous la pluie battante, des bûcherons et des bergers turkmènes, et les grandes places désertes de Rasht et Babol. J'ai vu le riche Mazandéran, symbole même de la mélancolie.

J'ai quitté la Perse en partant du port de Pahlevi. C'est là que j'ai passé ma dernière journée. Des caravanes de chameaux venaient de Tabriz et balançaient leurs cloches le long des routes grises de brume. Des chauffeurs attendaient devant l'hôtel des voyageurs en provenance de Bakou. Dans la cour de l'auberge, j'ai rencontré un homme qui avait l'air d'un aventurier européen fatigué et atteint de malaria. Il me reconnut ; je n'arrivais pas à me souvenir où je l'avais rencontré. Il s'appelait Shanghai-Willy ; c'était un ingénieur danois.

« Je pars, dis-je, et je ne reviendrai plus.

— C'est ce que tout le monde dit », affirma-t-il.

Nous bûmes ensemble, puis ce fut l'heure et il m'accompagna à la douane. Un employé lui annonça que le bateau allait prendre un chargement de riz et ne lèverait l'ancre qu'à sept heures du soir. En fumant, nous fîmes les cent pas entre les amoncellements de marchandises. Dans le bâtiment de la douane, il était interdit de fumer, dehors aussi. Nous prîmes donc une barque et nous fîmes conduire sur la lagune. De là on pouvait contempler le petit port et les navires russes qui étaient en réalité de tout petits vapeurs, mais qui d'ici ressemblaient à des colosses. À l'endroit le plus étroit de la lagune on apercevait les premières piles du nouveau pont.

« C'est là que je travaille », dit Shanghai-Willy.

Il en était fier. Il me fallut l'écouter m'expliquer que l'on descendait les ouvriers dans des réservoirs étanches pour creuser les trous destinés aux piles. Il me fallut écouter beaucoup de choses sur les ponts que Shanghai-Willy avait construits en Turquie et en Irak. Mais ce qu'il avait fait en Chine pendant huit ans, il ne me le raconta pas. Nous revînmes ensuite sur la rive et accostâmes près de sa maison. Pour atteindre le perron, il fallait escalader des poutres et des blocs de béton.

En haut, Nils, son assistant, était assis à sa table à dessin. C'était un Suédois de vingt ans, avec une peau rouge, une tignasse blonde et une grande bouche d'enfant.

« Donne-nous quelque chose à boire », dit son patron.

Nils se leva, s'inclina, puis il alla dans la pièce voisine, rapporta des verres et une bouteille de whisky à moitié vide. Shanghai-Willy leva la bouteille vers la lumière.

« Tu ne veux pas dire que j'ai bu tout cela hier soir ? demanda-t-il.

— Si ! dit Nils, c'est bien ce que je prétends ! »

Nous bûmes la deuxième moitié de la bouteille. De temps en temps, j'allais à la fenêtre jeter un coup d'œil vers la jetée où se trouvait mon bateau.

« Quand il commencera à fumer, il sera suffisamment temps de partir », dit Nils d'un air entendu.

Nous atteignîmes le pont au dernier moment.

Shanghai-Willy et Nils étaient sur le quai, les mains dans les poches. Pendant un moment, un bateau-pilote à pavillon perse nous accompagna.

C'est ainsi que je quittai la Perse la première fois.

Quatre mois plus tard, je revins par la Russie — et atterris de nouveau à Pahlevi. Mais j'ai déjà raconté cela : c'était une journée sinistre. Après, j'ai séjourné à Raghès, dans le verger de grenadiers. Cette fois-là, ce ne fut pas une vie désagréable, nous travaillions beaucoup, nos poteries islamiques et les vestiges chinois nous occupaient tellement que le son des cloches des caravanes parvenait à peine jusqu'à nous. Nous pensions rarement au territoire mort entre les villes voisines. C'est seulement pendant les longues nuits que tout cela redevenait vivant, mais je n'arrivais pas à faire une véritable différence avec mes rêves. Lentement, le monde des rêves accrut son emprise sur moi, et encore plus lentement la peur. Puis je commençai à comprendre la grandeur mortelle de ce pays qui nous ravissait tous les matins avec toutes ses beautés et son aube surnaturelle.

Ce fut ma deuxième tentative de vie en Perse. Quand nous quittâmes Raghès, peu avant Noël, on ignorait encore qui de nous reviendrait. Mais nous n'abordâmes pas le sujet. Pendant les derniers jours, nous emballâmes trente caisses pour les musées de Boston et de Philadelphie qui avaient financé nos fouilles pour recevoir des céramiques islamiques. Nous emballâmes des coupes peintes au cobalt et lustrées, des vases anciens en grès grossier, décorés de pois et d'émaux ; on les appelait, de façon inexacte, des *gabris*, ce qui signifie « œuvres des pyrolâtres » ; puis de grandes coupes blanches toutes plates qui étaient des imitations chinoises, et d'autres à rayures turquoise sur fond noir. Nous utilisions d'énormes quantités de laine de verre et de papier journal, et inscrivions avec de la peinture rouge l'adresse sur les caisses fermées. Nous emballâmes aussi des fragments, chacun pourvu d'un numéro, et il y avait un inventaire pour chaque caisse.

Le musée était trop petit, nous fîmes les caisses dehors, dans le vent glacial de l'automne.

Un jour, George partit avec les deux camions. Personne ne l'enviait d'avoir à franchir les montagnes et à traverser le désert syrien pour transporter trente caisses jusqu'à la Méditerranée.

Puis le groupe se dispersa rapidement, et dès notre arrivée à Téhéran nous nous perdîmes de vue, comme si nous n'avions jamais été ensemble, à l'aube, sur les fouilles de Rhagès...

Quatre mois plus tard exactement, je revins en Orient et débarquai à Beyrouth. Je n'avais pas reçu de nouvelles de l'expédition, j'ignorais également la date où ils reprendraient leurs travaux à Rhagès.

Avant même de me rendre à l'hôtel, j'allai directement du bateau à la douane pour me renseigner sur ma voiture. C'est là que je rencontrai mon ami George, au milieu d'un tas de caisses et de ballots de marchandises en provenance de Philadelphie.

Ce ne fut vraiment rien d'autre qu'un étrange hasard, et nous nous séparâmes très vite, car nous avions chacun nos propres affaires à régler.

Le soir, George vint à mon hôtel et nous bûmes un cocktail sur la terrasse. Il me dit qu'il allait être le sous-directeur de Raghès et qu'il avait apporté deux nouvelles Buick. En outre, un avion devait bientôt arriver. Le hasard voulut que ma voiture fût aussi une Buick. Mais George avait peu de temps, il devait prendre le chemin le plus court en passant par Bagdad, tandis que de mon côté j'avais prévu un grand voyage qui devait me conduire jusqu'à la frontière russe en passant par Mossoul et le Kurdistan. George me dit que c'était un superbe projet, et il m'enviait. Je ne sais pourquoi, mais tandis que nous parlions, je me sentis soudain découragée.

Il faisait déjà assez chaud à Beyrouth, et nous nous réjouissions du vent nocturne qui soufflait de la mer. Nous bûmes un deuxième cocktail et je promis d'aller chercher George le lendemain à son hôtel. Nous irions ensuite essayer ma nouvelle Buick sur la route asphaltée de la côte.

Mais il n'en fut rien. Quand je demandai George, il était déjà parti pour Damas.

Ce n'était pas bien grave puisque j'allais le revoir quelques semaines plus tard à Téhéran. De toute façon, notre rencontre à la douane de Beyrouth avait été le fruit d'un pur hasard. Toutefois, ce sentiment de brutal découragement me poursuivit encore longtemps, et je me dis qu'il était sans doute simplement dû au « hasard » de notre rencontre. Et si j'avais demandé à George de m'emmener ? Je savais qu'il n'aurait rien eu contre. Mais je ne le lui avais pas demandé, et maintenant c'était trop tard.

Je réfléchis aux limites du hasard, qui joue un rôle si important, même s'il est trompeur, dans ces pays où nous circulons avec une liberté apparemment illimitée. Une fois de plus, j'avais choisi mon chemin en toute liberté. Le détour par le Kurdistan ? Où voulais-je parvenir au juste ?

Et aujourd'hui je me retrouve dans cette vallée que nous appelons « *the Happy Valley* » et qui est située manifestement au bout de tous les chemins.

Le début du silence

Parfois je me demande pourquoi je consigne tous ces souvenirs par écrit. Souhaiterais-je les faire lire à des inconnus ? Souhaiterais-je me confier à eux, ou sinon à des proches, à de bons amis ? Mais qu'est-ce que je confie au juste ? Je suis bien consciente que ce texte ne contient aucune confidence intime.

Mes amis anglais me demandent parfois ce que j'écris. Je réponds : « Un journal non intime. » Car rien ne peut être moins intime que de décrire cette vallée — un peintre s'y entendrait mieux —, ou les montagnes et les plaines, et les routes et les fleuves. Même quand je raconte comment nous avons vécu sur les fouilles, tout cela est très éloigné d'une confession. Les nuits sur la terrasse de Persépolis ? Les conversations avinées ? Raconter que nous étions ivres parfois et que Bibenski fumait, de rares soirs, une pipe de haschisch ? Ce n'est pas plus intime que la mélancolie de la province du Mazandéran, que le hurlement des sirènes du vapeur russe dans le port de Pahlevi. Et il est sans doute tout aussi peu intime de voir, le matin, le léger nuage qui nimbe la cime du Demavend et de le reconnaître, une nuit, à l'ombre de la tente, substance irréelle autour des épaules d'un ange...

Je ne me demande donc pas tant pourquoi je me livre, mais plutôt pourquoi j'écris. Car il n'est certainement pas facile de le faire ; c'est un effort terrible et probablement stérile. Nous sommes forcés de nous *souvenir*, et même si le souvenir ne me lâche pas un instant, ni moi ni mes compagnons, nous n'avons pas besoin de le savoir. Nous sommes habitués à cet état qui nous est propre dans ce pays : nous ne sommes pas libres un seul instant, nous ne sommes pas « nous-mêmes » ; ce monde étrange exerce son emprise sur nous et nous rend étrangers à notre propre cœur.

Au début, nous appelons cela recevoir des impressions. Nous sommes fascinés par le paysage grandiose, ses splendides couleurs et ses formes pures, son caractère royal. Nous accueillons d'abord les modes de vie étrangers avec curiosité, puis très vite nous résistons ; mais nous ne savons plus comment la résistance cède en nous.

Les gens forts se débarrassent en riant de telles tentations qui s'insinuent comme des maladies. Les gens intelligents rentrent chez eux à temps. Mais beaucoup sont faibles, et je suis « parmi les plus faibles ».

J'ai longtemps écrit sur ce pays, de la façon la plus objective, sans trop parler de moi. D'où vient alors maintenant cet impérieux besoin de confidences ? N'y a-t-il vraiment personne parmi mes amis à qui je pourrais me confier d'une façon plus simple ? Eux qui doivent vivre ici, ne savent-ils pas ce qu'il en est, ne peuvent-ils pas aider ?

Mais, aussi étrange que cela paraisse, nous redoutons d'appeler les choses par leur nom. Nous parlons souvent de la Perse, cela vaut certainement la peine de parler de ses merveilles et de ses curiosités. Mais quand quelqu'un a le mal du pays, il n'en dit mot — et ce n'est là que la première étape de la souffrance.

Si j'étais chez moi sur un rivage agréable d'Europe, je croirais sûrement à une possible conversation qui clarifierait les choses — les médecins en attendent beaucoup —, mais ici on ne croit en rien. Les anges sont trop forts, et ils foulent le sol de leurs pieds intacts. Quant aux gens, ils ne veulent pas s'accaparer les uns les autres, car on ne sait jamais exactement quel est le point faible de l'autre. Peut-être est-ce le même ? Et c'est ainsi que s'étend le silence. On appelle cela s'endurcir...

Deuxième Partie

Une tentative d'amour

L'accusation

Je veux raconter maintenant une histoire, belle et ordinaire, où l'on trouvera les mots « amour » et « bonheur », et qui a failli nous arracher, une autre jeune fille et moi-même, à la fatalité qui l'a rattrapée peu après. Le fait de n'avoir pu l'en préserver, bien qu'elle ait mis quelque espoir en moi, a beaucoup contribué à me décourager définitivement.

Cette jeune fille s'appelait Yalé. Sa mère était tcherkesse, son père était un vieil homme, un de ces Turcs orthodoxes, de ces hommes d'honneur qui ne s'accommodent pas volontiers des innovations qui ont lieu dans leur pays.

J'ai déjà parlé de Yalé et mentionné sa demi-sœur, la petite Zadikka. Au début de ce livre, je me suis laissée entraîner à raconter que l'on pouvait entrer dans le jardin ombragé des Turcs quand la canicule s'étendait, blanche et mortelle, sur la plaine de Téhéran, et que l'on y trouvait un réconfort, comme l'impression d'être sauvé. Oui, c'était un réconfort et un refuge ! C'était respirer enfin !

Mais pourquoi a-t-il fallu que tant de temps s'écoule avant que je découvre le chemin de ce jardin ? Plus tard, je le retrouvais dans le noir comme en plein jour, je connaissais la racine d'arbre qui sortait de terre. Ce fut mon chemin quotidien, et puis on me l'a interdit. J'avais bien essayé d'en faire quelque chose de quotidien, je me sentais si sûre de lui, comme s'il était devenu réalité. Les choses se sont cruellement vengées.

Je me suis rendu compte ensuite que dans ce pays on ne peut se reposer sur aucun sentiment ni sur aucun espoir susceptibles de perturber le cours de la grande désespérance. J'étais près de m'en rendre compte quand Yalé et moi fîmes connaissance. Certes, tous les matins je me réveillais dans un très vieux jardin persan, ombragé et sombre, mais cela ne changeait rien au fait que la première chose qui m'assaillait était l'angoisse que l'on me confronte, comme la veille et l'avant-veille, à une puissance hors de portée de mes faibles forces. J'étais en permanence agressée par ce pays, ce ciel, cette immense plaine et les montagnes qui la bordaient. Et où pouvais-je me réfugier ? Il n'y avait pas d'abri, pas de possibilité de respirer...

Puis quand vint Yalé, je ne voulus tout d'abord pas croire qu'il pouvait naître entre deux êtres un réconfort simple et doux. Et quand on nous l'arracha, j'aurais pu ressentir ce chagrin comme juste, même si la sévère justice de ce qui surpasse l'humain nous semble amère et incompréhensible — on ne peut cependant pas se rebeller. Mais le pire de tout, c'est que rien de fort, rien de grand et d'incompréhensible ne m'ait fait sentir que ma tentative était vaine et mon réconfort sans effet, et qu'au contraire un homme étranger et indifférent se soit opposé à moi et m'ait fait du mal. Dans ce pays, on n'a pas d'ennemis, et les amis ont peu de pouvoir. Même l'être le plus proche de vous ne voit pas que vous souffrez et cherchez à reprendre haleine ; on est seul. Pourquoi alors être hostile ? Pour quelle raison haïrait-on l'autre ou lui infligerait-on des souffrances si éloignées des limites du possible ? Pourquoi se disputer ? Les moulins à vent de Don Quichotte sont encore attaquables et peuvent stimuler son courage ; mais là-bas il n'y avait rien que l'on pût saisir, pour quoi on pût lutter, et personne ne pouvait envier son voisin, ne fût-ce que d'avoir un ennemi !

Je sais qu'un jour tout sera tiré au clair. Pour la mort de Yalé et ma vie égarée il y aura des comptes à rendre, et je ne me rebellerai certainement pas, quoi que l'on m'ait fait. Je ne me plains que d'une chose, plus amère que le reste : que des gens étrangers et indifférents aient pu s'opposer à moi et me faire du mal...

Yalé

Quand Yalé et moi nous vîmes pour la première fois, j'avais de la fièvre. Ma chambre était obscurcie par les vieux arbres du jardin et par ses épais buissons. Il était cinq heures du soir, une chaude journée de juillet. J'étais allongée sur mon lit, secouée de frissons, et j'attendais la fièvre. Yalé était blanche ; le maquillage bleu sur ses paupières faisait paraître ses yeux encore plus grands, son front encore plus pâle. Le rouge artificiel de la maladie colorait ses pommettes saillantes.

J'avais entendu dire qu'elle était tuberculeuse. Quand elle était enfant, elle était allée à Davos avec sa mère. Puis ce fut la guerre et sa mère, une merveilleuse jeune femme, quitta son mari. Il se vengea sur l'enfant : elle fut envoyée dans une école en Turquie et il lui fut interdit de revoir sa mère.

À cette époque, la Turquie était un pays

pauvre, dévasté par la guerre, qui luttait héroïquement pour sa libération. Le père de Yalé était pauvre lui aussi, et l'école était pauvre, les enfants ne mangeaient pas à leur faim. La mère de Yalé demanda l'autorisation de prendre sa fille chez elle ; elle avait un ami qui était riche. Mais le père de Yalé préférait son honneur à la vie si fragile de sa fille. Yalé crut qu'elle allait bientôt mourir sans revoir sa mère.

Pendant ce temps, Kemal Pacha, un patriote ardent et dur, remportait ses premières victoires à partir de la steppe anatolienne. Les Grecs de Smyrne furent assassinés, peu après les Anglais se retirèrent et les persécutions contre les Arméniens commencèrent. Les courageux Kurdes se soulevèrent dans leurs montagnes et furent contraints à l'obéissance par Kemal Pacha.

La mère de Yalé fit kidnapper son enfant à l'école et l'emmena dans la maison de son amant, un poète qui jouissait de la faveur du dictateur. Yalé disait que ces années avaient été les plus heureuses de sa vie. Mais quand la maladie se déclara de nouveau, il fallut conduire la jeune fille dans un sanatorium — pas en Suisse, cette fois, mais près d'Istanbul —, et plus tard son père l'emmena à Téhéran.

Il a une nouvelle femme et ils ont eu ensemble une fille superbe : Zadikka. Malgré cela il ne veut pas libérer l'aînée. Il ne pardonnera pas à Yalé que sa première bien-aimée l'ait quitté. Il ne lui pardonnera pas d'avoir eu à souffrir que la Tcherkesse fût jeune et belle alors qu'il se sentait déjà vieux. Il ne lui pardonnera pas que sa mère ne l'ait pas aimé et qu'elle n'ait pas eu d'égards pour son honneur le jour où elle le quitta pour un autre.

Il aime probablement Yalé, qui ressemble à sa mère. Mais il lui fera payer cet amour, et cela ressemble à de la haine.

« Ne peut-on rien faire pour vous ? me dit Yalé.

— Cela va passer », dis-je.

Je claquais des dents tellement j'avais froid, je savais qu'il me fallait maintenant serrer les genoux et me cramponner à mon oreiller, et que les douleurs dans mon dos allaient devenir insupportables. Mais il était inutile d'avoir honte devant Yalé. Ma main reposait entre ses longs doigts frais.

« Après, la fièvre va vite venir, dit-elle.

— Oui, dis-je, et tout ira mieux. Je ferai des rêves. »

Je la regardais. Et déjà sa présence insolite m'était un réconfort.

Conversation sur le bonheur

Un jour elle me dit : « Tu dois penser à la vie, même si moi je pense à quelque chose de très différent.

— À quoi penses-tu ? demandai-je.

— À autre chose, quelque chose de très lointain.

— Pourquoi n'ai-je pas le droit de savoir ? »

Elle sourit.

« Parce que je ne veux pas, dit-elle. Tu as seulement la malaria, c'est une maladie dont on guérit. La mienne est incurable. Elle m'emporte, comme un fleuve.

— Je dois penser à la vie ?

— Parce que moi je ne peux pas. Ce qui nous attend l'une et l'autre est très différent.

— Nous resterons toutes deux dans ce pays, dis-je.

— Mais tu ne comprends pas, dit-elle avec

douceur, ce pays ne me blesse plus. Même mon père n'est plus capable de me blesser.

— Yalé, dis-je, il te cause pourtant un grand tort. Si seulement il te laissait partir d'ici, dans un pays où l'air est plus pur et plus vivifiant, si seulement il permettait que ta mère s'occupe à nouveau de toi...

— Alors nous aurions un même chemin, dit-elle, alors, ma chérie, nous pourrions penser à la même chose et je n'aurais pas à redouter de t'attirer vers moi.

— Oui, nous n'aurions rien à craindre.

— Pourquoi as-tu peur ?

— Tu le sais bien. Je n'ai pas de chance. Je ne connais pas le bonheur. »

Nous nous mîmes à réfléchir sur le sens du mot « bonheur », et aux raisons qui font qu'il est refusé aux uns mais pas aux autres, toute une vie durant.

« Peut-être faut-il lutter pour l'obtenir ? dis-je. Mais il y a tant de choses pour lesquelles il faut lutter, et c'est un adversaire invisible.

— Un adversaire ?

— Les gens disent qu'ils aspirent au bonheur. Mais ce que l'on ne connaît pas, ce qui est très loin, ce que l'on ne peut imaginer... ?

— Tu ne peux pas te l'imaginer ?

— Et toi ?

— C'est un fleuve argenté, dit Yalé. Il me

porte entre ses rives qui n'ont pas de prise sur moi et ne peuvent plus me retenir.

— Les collines s'écartent.

— Et deviennent une plaine.

— Au début, tu entends encore le vent qui chasse les nuages comme une bande de canards sauvages au-dessus du fleuve.

— Ils projettent leur ombre sur l'eau, et j'ai un peu froid. Mais ensuite le vent cesse et le fleuve devient lisse, le vent se perd dans la plaine, et le soir tombe.

— Yalé ! »

Elle ne m'entendait pas. Elle pensait à quelque chose de très lointain.

Nous voulions parler du bonheur et nous ne nous rendions pas compte que nous pensions à la mort...

On s'opposera à notre amour

Nous discutions beaucoup. Nous ne voulions parler de rien en particulier, et nous ne nous donnions pas la peine de nous dire des choses importantes. Nous ne voulions pas prendre conscience des choses et nous n'avions pas besoin de faire connaissance.

« Je ne suis peut-être pas celle que tu imagines, dit un jour Yalé. Je suis peut-être très différente.

— Je n'imagine rien du tout, répondis-je.

— Tu serais peut-être déçue. »

Mais nous en restâmes là, et je n'aurais pas eu matière à être déçue car je ne réfléchissais pas beaucoup à Yalé, et encore moins à ma relation avec elle. Il y avait maintenant le chemin qui menait de ma maison à la sienne — le chemin avec la racine qui sort de terre dans le dernier tournant —, et même si cela devenait une évidence quotidienne, c'était suffisant. L'après-midi, nous restions allongées à l'ombre du grand arbre et discutions pendant que des jeunes gens, invités à venir dans le jardin des Turcs, jouaient au tennis. Il y avait parmi eux des jeunes gens sympathiques et parfois nous allions nous asseoir près du court de tennis pour les regarder jouer. Mais la lumière blanche fatiguait Yalé et l'on s'habitua à nous voir rester seules sous notre arbre. De toute façon, nous n'avions ni l'une ni l'autre le droit de jouer.

Vers le soir, le père de Yalé revenait du bureau. Il descendait de voiture et allait tout droit au court de tennis. En passant, il me saluait et disait quelques mots à Yalé. Il avait une voix faible, très dure, et cela suffisait à rendre Yalé triste.

À cette époque, elle se remit à avoir de la fièvre, et il le lui reprochait.

« Il veut que j'aille au court de tennis et que je m'occupe des gens, disait-elle.

— Ne voit-il pas que tu es malade ?

— Il dit que si j'étais malade je ne pourrais pas discuter avec toi. Il faudrait alors que je reste dans ma chambre.

— Veux-tu que nous allions dans ta chambre ? Il est peut-être préférable que tu restes au lit ? »

Son visage prit une expression de douleur résignée que je pouvais encore moins supporter que des larmes.

« Non, dit-elle, je ne peux pas y respirer. J'ai peur. Et il ne permettrait même pas que tu restes près de moi !

— Ne sait-il donc pas que tu aimes être avec moi ?

— Il déteste tout ce qui me fait plaisir. Il ne veut pas que la vie me soit rendue agréable. »

Je compris alors ce qui nous attendait.

« Ne sois pas triste pour cela », dit Yalé.

Elle tourna ma tête vers elle et me regarda.

« Ma mère t'aimerait », dit-elle.

Nous eûmes toutes les deux un sourire.

« En fin de compte, il ne peut pas nous séparer, dis-je.

— Il ne peut pas interdire que je t'aime, dit Yalé.

— Non, dis-je, il ne peut pas nous séparer. »

Elle tenait ma tête entre ses mains comme pour m'apaiser.

« Si, dit-elle, c'est justement ce qu'il peut faire. Et c'est justement ce qu'il fera.

— Yalé !

— Ne m'en veux pas de te le dire.

— Yalé, ne sait-il donc pas que nous n'avons que nous, et rien d'autre que nous ? Pourquoi voudrait-il nous causer tant de peine ?

— Il ne va pas tarder à le faire », dit Yalé avec douceur.

Une garden-party

J'ai revu Yalé quand j'ai quitté la vallée du Lahr pour retourner en ville. Je suis moi-même surprise de constater que j'ai interrompu mon séjour là-haut ; c'est un fait chronologique, et il prouve simplement le peu de pouvoir qu'exerce sur nous ce que nous appelons réalité. Car j'ai beau rassembler mes souvenirs avec précision, je sais que le premier adieu était irrévocable ; et depuis que nous étions montés sur les mulets, à Abala, la première fois, et que nous avions franchi les deux cols pour parvenir dans cette vallée, je savais que ce serait le dernier chemin que je parcourerais, et que ce camp serait mon dernier lieu de séjour. Cela aurait pu être tout aussi bien une caravane mortuaire traversant la montagne sous la canicule de l'été perse, au son grêle des cloches. À vrai dire, je n'ai rencontré ce genre de caravane que dans le désert irakien. Des chameaux portaient les longs cercueils étroits accrochés à leurs flancs, parfois on avait même enroulé tout simplement les cadavres dans un tapis, et on les emmenait, conformément à leur pieuse volonté, dans les villes saintes des Chiites : Karbala ou Nedjef. Un tel voyage durait souvent trente jours, et les tombes du lieu saint étaient chères. Mais quel réconfort que le simple fait d'avoir une dernière volonté dont la réalisation permettait à l'âme de se reposer ! Même si elle avait erré pendant toute la vie, maintenant, pour une fois, le chemin était tout tracé.

Je pense tout particulièrement aux chameliers et aux caravaniers : les itinéraires qu'ils empruntent ont beau être en effet les mêmes depuis la nuit des temps, il y a des tempêtes de sable qui balaient les traces et les rendent invisibles ; les orages effacent les ultimes résidus ; au printemps, des rivières surgies de sources mystérieuses remplissent les gués asséchés dont les contreforts sont en général le repaire des serpents et des lézards, menaces pour les pieds nus. Lors de telles révoltes de la nature, les bédouins se tiennent désemparés devant leur tente, ne sachant plus où le soleil se couche ; leurs prières leur sont arrachées de la bouche et partent en lambeaux sans parvenir à l'oreille d'Allah, et le meilleur des caravaniers peut s'égarer. Il fait coucher ses chameaux en rond, et ils restent ainsi jusqu'à ce que la tempête se calme ; leurs longs cous sont baissés, si bien que leurs têtes se touchent, formant une roue.

Après tant de dangers et d'errements, je pense que le dernier vœu d'un chamelier pieux est compréhensible. Car il peut être sûr que la caravane mortuaire atteindra un jour l'oasis verdoyante de Karbala ou la ville blanche de Nedjef qui, entourée d'une large ceinture de tombeaux et couronnée par le dôme doré de sa mosquée, ressemble à un mirage scintillant au beau milieu du désert.

J'ai donc revu le chemin d'Abala. Les ascensions jusqu'aux cols m'ont semblé plus longues, les descentes plus abruptes. Tout au fond, la vallée était encore plus morte, et son unique source n'était même plus agitée par le battement de cœur d'un oiseau.

Quand nous roulâmes enfin sur la grand-route, nous vîmes au loin un cercle de brume au-dessus de la plaine : c'était la poussière qui enveloppait la ville de Téhéran comme un nuage toxique.

Ce soir-là, le ministre des Affaires étrangères donnait une réception. Des milliers de lumières illuminaient les buissons dont le feuillage étouffait sous de fines couches de poussière. Des lampes perses ajourées étaient suspendues, immobiles, au-dessus des allées aménagées avec art. La puissance mortelle de l'été régissait la fête.

À côté de moi était assis le chargé d'affaires allemand, un homme qui vivait en Perse depuis six ans et qui aimait ce pays. Il est mort cette nuit-là d'une crise cardiaque.

Deux cents invités circulaient entre les bosquets et les deux galeries ouvertes de la maison d'où de larges escaliers descendaient au jardin. En haut, il y avait un orchestre européen. De ma place, je voyais les danseurs, des dames et des messieurs habillés de blanc, leurs visages figés, leurs coiffures blondes, leurs raies bien tirées. Ils dansaient en respectant une certaine distance entre eux ; les femmes avaient les mains posées sur les épaules de leur partenaire, comme pour se défendre.

Je ne vis Yalé que tard. La voir me causa une douleur singulièrement aiguë : elle était encore plus malade que la dernière fois.

Sur la galerie, la musique s'arrêta. Je n'entendis plus soudain que les voix des gens qui parlaient à côté de moi.

Yalé vint vers moi, comme à travers une ruelle, entourée d'autres jeunes filles. La ruelle était un chemin bordé de sombres buissons. Les petites lampes jetaient leur faible éclat sur le visage très pâle et très maquillé de Yalé. Je mesurai la distance qui nous séparait : elle n'était pas bien grande.

Me suis-je parfois adressée à ce visage, là-haut ? me demandai-je. Mais je n'avais parlé qu'avec un ange, et quand je me souvins de sa présence silencieuse dans l'ombre de ma tente, je pris terriblement conscience de ma solitude.

Là-bas, Yalé s'arrêta, elles bavardaient, sa voix douce arrivait jusqu'à moi. Bien que mon pied enflé par l'infection me fît souffrir, je me levai et me dirigeai vers elle.

« Tu es revenue plus tôt, dit-elle.

— Pas pour la fête. »

Elle me regarda.

« Pas pour toi, dis-je tout bas, seulement parce que j'ai une infection et que je dois voir le médecin. C'est juste pour ça, ajoutai-je, comme s'il s'agissait d'écarter de moi un soupçon.

— Qui va te raccompagner là-haut ?

— Oui, dis-je, oui, je vais repartir dès que possible.

— Certainement, dit-elle sur un ton apaisant.

— Et toi, tu as de la fièvre... »

Je regardais son visage tout pâle, les taches rouges de la maladie sur ses joues, et je ne reconnus pas ma voix quand je demandai : « Ne pourrais-je pas rester ici ? Ne pourrais-je pas faire quelque chose pour toi ?

— Viens », dit-elle.

Nous montâmes dans la galerie. Je m'appuyais à la rampe.

« Mais tu peux à peine marcher, dit Yalé, soudain soucieuse.

— Oui, ça brûle comme le feu de l'enfer », dis-je en riant.

Nous regardâmes dans le jardin par-dessus la balustrade. Les lampes rouges se balançaient maintenant au gré du vent nocturne à peine perceptible.

« Le temps se rafraîchit », dit Yalé.

La fraîcheur n'était rien de plus qu'un léger souffle de vent. Au-delà du jardin, le nuage toxique planait toujours au-dessus des toits embrasés de chaleur.

« Mon père m'interdit de te voir, dit soudain Yalé. Il m'interdit de voir qui que ce soit. »

Les gens se remirent à danser, leurs corps distants les uns des autres bougeaient lentement devant moi. Bien que je l'aie su depuis longtemps, je fus prise d'une terrible frayeur.

« Je t'en prie, ne le prends pas comme ça », dit Yalé à côté de moi.

Elle était déjà très loin de moi. J'avais l'impression que nous dansions comme les autres, lentement et sans espoir, pour échapper à la nuit de fête autour de nous.

« Il sait maintenant que je suis malade. Il ne veut pas me perdre, c'est pour cela qu'il me coupe de vous. Il est têtu.

— Ne peux-tu pas aller chez ta mère ? »

Je vis alors qu'elle avait envie de pleurer. Le dos en arrière contre la balustrade, elle respira profondément pour lutter contre ce moment de faiblesse, contre la fièvre et la violence des larmes.

« Ne le prends pas comme ça, dis-je

— Tu étais déjà si loin, répondit-elle. C'était un adieu définitif ! »

Je voulus me révolter, saisir ses mains, accuser.

« Tu ne ferais que le monter contre moi, dit Yalé avec douceur, comme si ce n'était pas à elle que l'on faisait du mal, mais à nous deux. Il supposerait que je me suis adressée à mes amis pour qu'ils me défendent contre lui. Sa fierté ne le supporte pas. Il se vengerait sur moi, et cela ne te servirait à rien. Il faut que je parte maintenant. »

Je la vis dans l'escalier, au milieu des gens qui montaient et descendaient, puis dans le jardin, puis plus du tout.

Whisky, fièvre et le chant des ouvriers

Le lendemain, le médecin ne jeta qu'un coup d'œil à ma jambe déjà enflée jusqu'à la hanche.

« Vous n'auriez pas pu venir un tout petit peu plus tôt ? demanda-t-il.

— Ce n'était pas si facile, dis-je, la route est longue.

— Vous avez aussi de la fièvre, une bonne fièvre.

— La fièvre n'est pas une chose désagréable.

— En revanche, il ne sera pas très agréable de donner un coup de scalpel dans ce paquet de chair enflammée. »

Je connaissais sa façon de traiter les patients. Je connaissais les médecins anglais des Tropiques.

« Bon, dit-il, ne vous énervez pas inutilement. Commencez par boire un bon whisky. (Il se leva et prit une bouteille sur une étagère.) Après, je vous emmène à l'hôpital. (Il versa le whisky dans un verre.) Je ne peux malheureusement pas vous donner de glace, dit-il, je n'ai rien contre les microbes, mais trop c'est trop. Et la glace de Téhéran ne peut que tuer un être humain de votre résistance. »

Ensuite, nous allâmes à sa voiture. Je ne savais comment poser par terre mon pied enflammé.

« De votre bungalow à votre voiture, il y a sept miles », dis-je.

Il me saisit sous les épaules pour me soutenir. « Je savais bien qu'un whisky fait des miracles, dit-il. Vous êtes encore capable de marcher droit ! »

Quand je sortis de l'anesthésie, je dis : « Tout ce que j'ai raconté était mensonge. Mais je veux bien que Yalé vienne.

— Nous l'avons déjà envoyé chercher, dit l'infirmière. Nous avons aussi enlevé le pansement.

— Vous êtes une brave fille, dis-je, mais vous n'avez pas besoin de croire tout ce que j'ai raconté.

— Bien sûr que non, dit la brave fille. Nous avons seulement enlevé le pansement parce que vous le vouliez, et nous avons écrit la lettre que vous avez dictée.

— Mais je n'ai pas dicté de lettre !

— Ce n'était qu'une très courte lettre. Et maintenant votre amie va venir vous rendre visite. »

Ce fut une longue nuit très chaude. Je voyais ma jambe posée sur le drap, et mon pied sur un coussin. Ce n'était plus un gros paquet de chair, la plaie brûlait, mais le pied ne faisait pas partie de moi.

De bonne heure le matin, les ouvriers se mettaient à chanter. On construisait une maison, je pouvais voir l'échafaudage depuis ma fenêtre. Les ouvriers perses construisent une maison en quelques jours ; ils empilent des briques crues tout en chantant.

Le contremaître chante : « Donne-moi une brique, donne-moi une demi-brique, et maintenant une entière, donne-moi une demi-brique, une brique entière... » Parfois il crie après un garçon qui, en contrebas, hors de ma vue, lui tend les briques d'argile : « Tu n'entends pas, espèce d'imbécile, crétin ! » C'est le seul moment où il s'interrompt. Il recommence ensuite à chanter d'un ton égal : « Une demi-brique, et maintenant une entière. »

Au bout de quelques heures je me mis à crier. La gentille infirmière entra.

« Je suis désolée, dis-je, je ne peux pas bouger, sinon j'aurais sonné.

— Vous feriez mieux de ne pas crier ainsi parce qu'il y a à côté un patient atteint du typhus.

— Je suis désolée...

— Le docteur ne vient qu'à une heure. Il faut qu'il embaume l'Allemand. »

Je sentis la nausée monter.

« C'est seulement la chaleur, dit la jeune femme.

— S'il vous plaît, dis-je, vous ne pouvez pas dire aux gens dehors d'arrêter de chanter ? »

Elle sortit. Les ouvriers continuèrent de chanter jusqu'au coucher du soleil. Yalé ne vint pas.

La nuit suivante, je me mis à parler avec l'infirmière.

« Comment pouvez-vous travailler dans cette chaleur ? demandai-je.

— Ce n'est qu'une question d'habitude. Quand on est en bonne santé...

— Croyez-vous que je vais guérir ? »

Elle sourit.

« Si nous n'avions que des cas aussi faciles que vous !

— Vous voulez dire : tant qu'on n'a pas le typhus ?

— Ce n'est pas ce que je veux dire. On meurt facilement ici, de toutes les maladies possibles. Mais regardez votre pied.

— Oui, c'est un pied tout à fait normal.

— Sauf la cicatrice. Dans quelques jours, vous pourrez danser.

— Comme si c'était danser qui m'importait !

— Le docteur ne vous a pas dit que vous sortiriez dans quelques jours ?

— Comme si c'était *cela* qui m'importait !

— Mais de quoi avez-vous peur ? », demanda la brave fille.

Je me redressai un peu.

« Écoutez, dis-je, croyez-vous que je vais guérir ? Avez-vous vraiment écrit la lettre que j'ai dictée l'autre jour ? »

Elle posa son ouvrage.

« Bien sûr, dit-elle — un peu surprise, me sembla-t-il —, bien sûr !

— Oui, je sais que je vous ai dicté une lettre à mon amie Yalé.

— Vous vous en souvenez maintenant ?

— J'ai d'abord nié, mais maintenant j'avoue, maintenant je sais très exactement que je l'ai fait. Je sais ce qu'il y a dans cette lettre... Eh bien vous voyez, poursuivis-je, elle ne vient quand même pas.

— Peut-être n'a-t-elle pas eu le temps aujourd'hui ?

— Vous n'y comprenez rien. Elle ne viendra pas demain non plus.

— Ne pourriez-vous pas être un peu patiente ?

— Non, dis-je, vous n'y entendez rien. Si on se met à être patient dans ce pays, on est perdu ! »

La brave fille se pencha sur moi. « Vous avez

un peu de fièvre, vous devriez essayer de dormir », dit-elle. Comme je ne répondais pas, elle ajouta soudain : « Il ne faut pas se mettre à avoir peur de ce pays et à le rendre responsable de tout. Il ne faut surtout pas faire ça ! »

Lutte contre la peur

Je n'essayais pas encore la patience, j'essayais pour la dernière fois la révolte. Le médecin dut rouvrir ma plaie à cause du pus qui s'était formé.

« Je suis désolé d'avoir à vous faire aussi mal, dit-il, mais ça ne vaut pas la peine de faire une anesthésie.

— Connaissez-vous le vieux Turc ? » demandai-je.

La gentille infirmière qui tenait mon pied me jeta un rapide coup d'œil.

« Par cette chaleur, dit le médecin, il ne faut pas trop éprouver le cœur.

— N'avez-vous pas soigné Zadikka quand, enfant, elle a eu la dysenterie ? Connaissez-vous la sœur de Zadikka ? Pensez-vous qu'elle soit très malade ?

— Vous parlez de Yalé ? Ces jeunes filles turques sont trop habituées à obéir. Elle va se laisser détruire par l'entêtement de son père.

— Et elle le sait...

— Je ne peux quand même pas employer la force ! Je ne peux pas la faire enlever !

— Non ! dis-je, furieuse. Vous ne pouvez même pas veiller à ce que Yalé vienne ici me rendre visite !

— Pensez donc un peu à votre propre santé, dit le médecin.

— Mais j'ai quand même le droit de la voir ! affirmai-je.

— Certainement », dit gentiment l'infirmière.

Le médecin palpait la cicatrice.

« Et maintenant, vous allez vous montrer un peu courageuse », dit-il.

Je fus courageuse. Il enfonça le scalpel dans la partie la plus sensible, me sembla-t-il.

Quand le pansement fut terminé, ils me laissèrent seule. Les ouvriers chantaient, le mur de terre s'élevait à une vitesse incroyable. Quand ils auront fini, ils arrêteront de chanter, pensais-je. Mais il me vint à l'esprit qu'il fallait quatre murs à la nouvelle maison et qu'ensuite, quand les quatre murs seraient construits, on construirait probablement une autre maison. Cela n'en finira pas, pensais-je.

De mon lit je ne pouvais pas atteindre la sonnette, et je n'osais pas crier bien que le malade d'à côté fût mort du typhus au cours de la nuit précédente.

En fin d'après-midi, quand il se mit à faire un

peu plus frais, les chants sous ma fenêtre cessèrent.

Le silence inhabituel était pour moi une torture presque encore plus grande.

La sensation de brûlure dans mon pied s'atténua ; à moitié assoupie, j'étais étendue sur mon drap brûlant et moite.

Si je pouvais atteindre le paquet et m'allumer une cigarette, pensais-je, si je pouvais au moins fumer, ce serait là le signe que je suis presque guérie. Puis je m'entendis crier tout haut : « Je suis guérie ! Je suis guérie ! »

Personne ne répondit. Je transpirais : il avait été éprouvant de crier dans le vide. C'est bien que personne ne m'ait entendue, pensais-je, on pourrait croire sinon que je suis folle ; on ne crie pas quand on est seul. Je ne suis pas ivre, je suis complètement à jeun, ils ne m'ont rien donné... Angoissée, je m'interrompis. Et s'ils m'avaient donné de la morphine par exemple, je ne crierais certainement pas, je n'aurais pas peur, absolument pas peur, et j'aurais plaisir à rester seule ici. Ce serait... je me remis à crier bien fort que ce serait la main tendue du ciel !

À cette pensée je me tus. J'étirai un peu mon corps, sentis le drap froissé sous ma peau qui brûlait, et me calmai. On ne va pas tarder à venir, me disais-je, on va me laver avec de l'eau froide et me donner à boire. Puis la nuit tombera. Ce sera peut-être une nuit fraîche... Je parlais vite pour ne pas laisser le doute s'immiscer. Derrière moi, là où se trouvait le mur sonore, la peur était nichée dans un orifice sombre.

C'est alors que l'infirmière entra.

« Vous avez de la visite », dit-elle.

Quand Yalé traversa la pénombre de la petite chambre pour s'approcher de mon lit, je me redressai, l'attrapai par les deux bras et posai violemment ma tête sur son épaule.

Les adieux

Je ne voulais pas pleurer. Il me fallut un bon moment avant d'y parvenir.

« Je pensais que tu ne viendrais pas, dis-je. J'étais sûre que tu ne viendrais plus.

— Je suis vraiment désolée.

— Mais tu n'as pas pu.

— J'ai voulu venir immédiatement quand j'ai reçu ta lettre. Mais je n'ai pas pu.

— Cela ne fait rien. Je suis si heureuse.

— C'était très imprudent de ta part de m'envoyer une lettre.

— Je sais. J'ai tout de suite pensé que c'était une erreur.

— Ce n'était pas une erreur, c'était simplement imprudent.

— C'est gentil à toi de le prendre comme ça.

— Ne dis pas de bêtises. Ne parle pas comme ça !

— Mais je voulais absolument te voir. Tu comprends bien qu'il me fallait te voir ?

— Oui, ma chérie.

— Maintenant je te vois, maintenant tu es là...

— Je suis vraiment désolée, ma pauvre petite, de t'avoir fait attendre.

— Et tu ne vas plus partir. Maintenant nous resterons ensemble. »

Elle me repoussa un peu aux épaules et me regarda.

« Oui, dit-elle, maintenant je ne te laisserai plus seule.

— Il faut d'abord que tu guérisses.

— Toi aussi.

— Et ensuite...

Elle me sourit.

« Ensuite, dit-elle, personne ne pourra plus rien contre nous.

— Nous irons dans un autre pays.

— Dans un pays heureux où nous nous sentirons toutes deux chez nous.

— Sais-tu où il se trouve ? demandai-je.

— Bien sûr, dit Yalé gravement, c'est un pays où personne ne peut plus rien contre nous !

— Si seulement tu pouvais guérir, Yalé !

— Ne te fais pas de souci pour moi. Il ne faut surtout pas que tu aies peur pour moi !

— Pas peur ? demandai-je.

— Non, aussi longtemps que je suis près de toi.

— Et tu vas toujours rester près de moi maintenant ?

— Je te l'ai promis, non ?

— Oui.

— Ne peux-tu pas avoir un peu confiance ? Tu ne me crois donc pas ?

— Oh ! je te suivrais jusqu'au bout du monde... »

Elle se pencha vers moi.

« Nous sommes presque au bout du chemin, dit-elle.

— Mais nous sommes encore très jeunes.

— Cela ne fait rien.

— Nous avons éprouvé tant de souffrances déjà, Yalé, et pourtant nous sommes toutes deux très jeunes. On pourrait penser que nous n'en sommes qu'au tout début.

— Non, dit-elle, cela est absolument sans aucune importance.

— Ce n'est d'aucune utilité ?

— Ma chérie, tu ne dois pas croire que quoi que ce soit puisse nous être utile.

— Mais je te crois. Je te suis jusqu'au bout du monde.

— Et as-tu moins peur ?

— Je pense à l'autre pays. Je pense que nous y serons vraiment heureuses.

— C'est bien pour moi que tu n'aies plus peur. C'est bien de le savoir.

— Il suffit de croire qu'un jour il sera vraiment agréable de vivre.

— J'aurai toujours quelque chose de toi avec moi.

— Mais nous sommes ensemble, Yalé !

— Oui, dit-elle avec douceur, et maintenant je dois partir.

— Yalé !

— Ma chérie !

— Ce n'est pas vrai que tu vas rester près de moi ?

— Non, ce n'est pas vrai. Tu sais bien que je ne peux pas rester.

— Je t'en prie, dis-je, ne me laisse pas seule !

— Il ne faut pas que tu t'agites.

— Pour l'amour de Dieu, ne me laisse pas seule.

— Dieu s'est depuis longtemps détourné de nous. Ne parle pas de Dieu maintenant.

— Je t'en prie, Yalé, je t'en prie...

— Sois raisonnable, dit-elle, si on ne m'emmène pas demain à l'hôpital, je reviendrai. »

Elle tenait mes mains, se pencha sur moi.

« Essaie de tenir bon, s'il te plaît », dit-elle.

Nous pressâmes nos visages l'un contre l'autre.

« Pourquoi penses-tu que Dieu s'est détourné

de nous ? demandai-je. Pourquoi nous sépare-t-on. Pourquoi t'enlève-t-on à moi ?

— Si seulement tu essayais de tenir bon ! dit-elle. Je n'en peux plus. Je ne peux pas t'aider. Mais quand tu arriveras dans un autre pays, Dieu et tous ses anges se tourneront de nouveau vers toi. Si seulement tu tiens bon !

— Je ne veux pas, Yalé.

— C'est la seule chose que je puisse encore te demander, ma chérie. »

Elle se leva, nous nous tenions bien fort par les mains.

« Essaie de revenir demain, demandai-je.

— Oui, ma chérie.

— Si tu savais, Yalé, ce que c'est pour moi...

— Oui, ma chérie.

— ... de te voir partir maintenant alors que tu ne vas peut-être plus revenir. »

Elle lâcha doucement mes mains et posa ma tête sur l'oreiller.

« Nous n'avons plus un long chemin à parcourir, dit-elle, et après on ne pourra plus rien contre nous. »

Je voulus me redresser, mais elle était déjà à la porte.

Yalé fut transportée le lendemain à l'hôpital soviétique. Son père interdit toute visite, soi-disant pour la ménager. Cela me concernait peu, je n'aurais pu de toute façon tenter de la voir.

Mon médecin me dit que Yalé allait si mal que seule une ligature rapide du poumon gauche pouvait encore la sauver, mais elle avait elle-même trop peur de l'opération et son père ne voulait pas en entendre parler. À vrai dire, je crois que même une intervention réussie ne serait guère qu'un léger sursis.

Quand mon pied fut presque guéri, on me reconduisit dans la vallée du Lahr. Cette fois, je pus à peine me souvenir du chemin, mais un soir je me réinstallai dans ma tente, et tout fut comme avant.

L’Ange et la mort de Yalé
(pour Cathalene Crane)

C’est alors que l’Ange s’en vint pour la deuxième fois. Debout devant ma tente, je le vis venir bien que mes yeux fussent rivés sur le fleuve qui, en cette heure crépusculaire, se transformait en argent. Entre ses rives plates et verdoyantes, il coulait tranquillement, presque sans bruit, en direction du cône zébré du Demavend. Il avait un long chemin à parcourir, les falaises noires et les versants s’écarteraient, la vallée s’élargirait et deviendrait plaine dans la lumière nocturne.

Je savais que maintenant Yalé allait mourir, et je ne levai même pas les yeux pour saluer l’Ange qui s’arrêta à quelque distance de moi.

« Sais-tu où ces eaux se dirigent ? demanda-t-il.

— Non, dis-je, mais elles conduisent Yalé à la mort, et la nuit les recouvrira. »

La présence de l'Ange me gênait. Mes pensées étaient auprès d'elle et rien d'autre ne m'unissait à elle que ce flux presque silencieux. J'avais l'impression qu'il allait bientôt atteindre mon cœur et qu'il coulerait à travers moi ; nous serions alors enfin réunies, de mystérieuse façon.

L'Ange se taisait. Il resta si longtemps silencieux que j'en oubliai sa présence.

Quand il se remit à parler, je fus très effrayée.

— Ce que tu fais là est sacrilège, dit-il. Tu sais que cela ne te servira à rien et que tu ne reverras pas cette jeune fille. Tu sais bien que personne ne peut pénétrer, ne serait-ce qu'un bref instant, dans le cœur de l'autre et être uni à lui. Même ta mère ne t'a donné que ton corps, et ce que tu as aspiré dès ton premier souffle, c'est la solitude.

— Je sais, dis-je, mais nous n'avons pas d'autre réconfort que de nous aimer et de nous entraider.

— Peux-tu l'aider maintenant, demanda l'Ange — sa voix était dépourvue de toute ironie —, en son extrême détresse, car elle est trop jeune pour mourir ?

— Il faut que j'aille la voir ! m'écriai-je sans me contrôler. Avec un bon mulet, je peux être sur la route dans huit heures, et si j'ai de la chance, je trouverai une voiture qui me conduira dès cette nuit à Téhéran !

— On ne te laissera pas la voir. Tu resteras à

la porte de l'hôpital, ou peut-être à la rigueur dans le couloir devant sa chambre...

— Je crierai !

— Oui, dans ton impuissance, tu crieras et pleureras. C'est toujours ce qu'ont fait les hommes, aujourd'hui et il y a cent et mille ans, toujours ils se sont révoltés en vain. »

Je le regardai, tremblante de haine.

« Et ce qu'ils appellent le destin, et ce contre quoi ils se révoltent, ce n'est rien du tout en réalité, un minuscule obstacle sur leur chemin.

— Tu mens ! Tu es un ange et tu cherches à m'inciter à penser comme un être humain ! »

Son regard lointain était plein d'indulgence.

« Qu'est-ce qui t'empêche d'aller la voir ? demanda-t-il. Tu sais qu'elle aimerait te voir, peut-être n'a-t-elle pas d'autre désir que celui-là, peut-être s'accroche-t-elle à l'espoir de te voir entrer dans sa chambre cette nuit-même. »

Le visage de Yalé apparut devant moi, son front pâle moite de fièvre, les taches rouges de la maladie sur ses joues, ses belles lèvres tendrement entrouvertes, et la crispation à peine visible des commissures qui trahissait sa souffrance. Et elle me regardait... J'oubliai tout sauf ce visage dont la souffrance me saisissait, et je demandai, suppliante : « N'est-il pas possible de faire quelque chose ? »

Avec beaucoup de douceur, l'Ange répondit alors : « Son père t'interdit de la voir. Je ne crois pas qu'il ait de bonnes raisons pour cela. À vrai dire, je crois que ses raisons sont mauvaises et proviennent d'un cœur aigri. Mais à quoi cela te sert-il de le savoir ? Il s'oppose à toi. En outre, tu es très loin d'elle. Qui sait si tu pourrais encore l'atteindre ? »

Je pleurais. Ma révolte était vaine.

« Qu'ai-je fait à cet homme ? » demandai-je.

Je vis que l'Ange secouait la tête. Le nuage qui enveloppait ses épaules comme un manteau se souleva un peu. Et il dit avec une tristesse presque humaine : « Ne comprends-tu pas que tu n'as pas le droit de contester ainsi, sinon tu seras détruite par la compréhensible injustice du monde ? Dans quoi avez-vous mis vos espoirs ? Dans un être étranger dont le cœur est aigri, peut-être pas de sa propre faute, et qui se venge sur sa fille, et qui s'oppose à toi ? Cela dit, il n'est pas exclu qu'il aime cette jeune fille. N'as-tu pas mis ton espoir dans autre chose que dans un être étranger, dans l'espace d'une nuit, dans un sentier muletier ? »

Mais même ce sentier se trouvait maintenant dans le noir, car entre-temps la nuit était tombée.

L'ange s'était assis sur une pierre au bord du fleuve. Je le voyais, ou plutôt je n'apercevais plus que sa silhouette qui ressemblait à la statue d'un dieu étranger, et le clair nuage qui lui faisait un manteau et qui planait silencieusement dans les ténèbres comme l'auréole d'un saint.

« Elle a des cicatrices au poignet, dis-je, parce qu'elle a essayé une fois de mourir. Cela s'est passé quand on l'a séparée de sa mère.

— Et toi, demanda l'Ange, et je reconnus sa voix sévère et loin du monde, n'as-tu jamais voulu mourir ? Pourquoi penses-tu à cela ?

— Je pense seulement que cette ultime issue nous est toujours ouverte !

— Tu as donc une si *piètre* idée de la mort ? Elle est tout juste bonne pour que tu échappes à toi-même ?

— Pas à moi-même, mais à la vie. Elle me fait trop souffrir. Un étranger m'a fait du mal. Un obstacle aussi infime peut causer ma chute.

— Et face à des instances aussi faibles tu appelles au secours l'ultime et suprême puissance ?

— Ne sois pas impitoyable, dis-je, tu sais que des instances aussi faibles causent ma chute. Qui appeler ? Je me sens faible, je veux abandonner la lutte. Ne sois pas impitoyable, permets-le moi !

— Je ne peux rien te permettre ni t'interdire. Je souhaite avant tout que tu abandonnes et que tu te laisses aller. Tu en es presque arrivée à ce point. »

Je m'adossai à un mât de la tente, j'étais fatiguée, et la distance entre la silhouette immobile de l'Ange et moi semblait grandir.

« Ne veux-tu pas essayer de prier ? demanda-t-il. N'as-tu pas essayé tout le reste ?

— Et pendant que je prierai, m'écriai-je, Yalé va mourir !

— Qu'espères-tu encore ? »

Que savait-il du visage réconfortant et si proche de Yalé qui m'était désormais arraché ?

Il se taisait et regardait au-delà du fleuve en direction de la vallée, comme si l'obscurité ne comptait pas pour lui.

Lentement le nuage se souleva de ses épaules, s'envola comme un oiseau léger, plana en direction du sommet scintillant du Demavend et disparut.

L'Ange était là, déshabillé et immobile.

« Il y a quelques semaines, dit-il, tu croyais avoir atteint la limite de tes forces. Depuis, tu ne t'es pas reposée sur moi bien que j'aie fait spécialement le chemin qui menait à ta tente. Tu as préféré t'accrocher à un espoir d'une espèce plus humaine. Où cela t'a-t-il menée ? »

Je crus alors m'effondrer.

« Emporte-moi loin d'ici ! m'écriai-je, et ma voix se cassa, je sanglotai. Fais-moi sortir de cette vallée, emporte-moi à la maison ! Je veux rentrer chez moi ! »

La voix de l'Ange répondit : « Ceci est mon pays. N'es-tu pas venue de ton plein gré dans cette vallée dont tu veux maintenant t'échapper ? »

Secouée par les larmes, je m'accrochais au mât de la tente.

« De mon plein gré arrivai-je à articuler. Ah ! ne sais-tu pas, toi qui es un ange, ce qu'il en est de la liberté des hommes que nous sommes ? Qui m'a amenée ici ? Pourquoi ai-je dû suivre tant de chemins, et m'égarer toujours davantage ? D'abord, cela s'appelait l'aventure, puis ce fut le mal du pays, puis j'ai commencé à avoir peur et personne ne m'a aidée. Oh ! il y a certainement quelqu'un qui m'a chassée, je vais accuser, je vais porter plainte, je ne veux pas que l'on me rende responsable, je ne veux pas qu'on me laisse mourir seule ici, je veux que l'on me ramène à la maison ! »

Épuisée, j'écoutais l'écho de ma voix. Puis l'écho me revint, il traversa le fleuve à pas légers, et j'entendis : « Je veux que l'on me ramène à la maison ! »

L'Ange resta longtemps silencieux. Enfin je dis, doucement car je voulais lui demander pardon : « Ton nuage s'est perdu ! »

Il sourit. Je vis qu'il souriait !

« Que t'importe mon nuage ! » dit-il.

Et au moment où je pensais être abandonnée de Dieu et des hommes, et même de mon cher père, j'entendis, émergeant du noir le plus total, la voix de l'Ange : « Tu es à bout. »

J'eus tellement peur que je me tus.

« Tu es à bout, dans le noir complet, répéta l'Ange à sa façon lointaine et courtoise. Avoue que malgré ton jeune âge tu as essayé tous les chemins. C'étaient des échappatoires, des détours et des égarements. Tu n'as rien fait de mal, ne crois pas que tu sois plus coupable que les autres. Tu as aimé ta mère, tu étais désespérée quand tu as réalisé qu'en ce monde Dieu ne fréquente pas les marchands et que toute décision est un sacrifice. Tu ne te connaissais pas toi-même et ne voulais faire de mal à personne — c'est tout à ton honneur. C'est alors que commencèrent tes erreurs. Tu t'es laissée entraîner jusqu'en Perse, tu as même voulu mourir. Oh ! ne crois pas que tu puisses me cacher quoi que ce soit, car ceci a beau être mon pays, je suis quand même un ange...

— Je suis revenue dix fois, objectai-je, même si ce ne fut pas toujours de mon plein gré.

— Et finalement tu es montée ici, dit l'Ange. Vous appelez peut-être cette vallée à votre façon *the Happy Valley*, mais tu sais, toi, que c'est la "vallée du bout du monde". Il faut que tu fasses demi-tour.

— Laisse-moi mourir !

— Cela ne te servirait à rien. Crois-moi, même si tu penses au poignet tailladé de Yalé, ce chemin est peu différent des autres qui t'ont conduite dans mon domaine. Sois humble ! Ne crois pas que tu puisses échapper à quoi que ce soit !

— Je n'en sais rien, bien sûr, dis-je.

— Mais tu sais, dit l'Ange, qu'aujourd'hui, cette nuit, tu es arrivée au bout. Abandonne ! »

Je pressais mon visage contre le mât de la tente.

« Tu te trouves devant un mur sombre. Abandonne !

— Si j'abandonne, si je veux mourir, ne puis-je pas me jeter contre ce mur ? Est-ce qu'un trou ne va pas apparaître, ne vais-je pas tomber dedans comme une pierre et ne vais-je pas me retrouver dans les eaux sombres de la mort ? »

Je pressais ma tête si fort contre le mât que je crus qu'il allait se renverser et m'entraîner avec lui.

Je ne voyais plus l'Ange. Il faisait nuit noire. Mais il était sûrement assis là-bas, sans son nuage, sur sa pierre, et il regardait dans la vallée. Je pouvais aussi entendre sa voix si loin du monde : « Tu es à bout, mais c'est là que la solution est la plus proche. Fais demi-tour. »

J'ignore les épreuves que Yalé eut à subir cette nuit-là. Je n'ai jamais pu savoir comment elle était morte. Mais elle était seule...

Plus beaucoup de temps

Il ne me reste pas beaucoup de temps. L'été tire à sa fin et cela signifie, à cette altitude, qu'il va falloir partir. Le niveau de notre fleuve est maintenant si bas que nous ne pouvons plus attraper que de tout petits poissons. Les zébrures blanches sur le cône du Demavend sont minces et élimées, le sol brûlé du volcan s'étend de façon menaçante. Mais bientôt la neige va tomber, et la pyramide exhibera de nouveau son habit d'une splendeur étrangère à cette terre, et nous qui ne serons plus à la hauteur de ce magnifique spectacle, nous comprendrons le signal. Il est possible que ce soit dans quelques jours seulement ? De quoi pourrions-nous vivre quand la neige recouvre les pâturages, que la glace chasse les poissons ou les plonge dans un sommeil mortel ? Les nomades partent et passent sur notre rive en direction du col Afié, qui les conduira dans une vallée plus clémente après qu'ils auront franchi deux crêtes de montagnes. Ils passent aussi lentement que s'écoule l'eau, troupeaux noirs et blancs, jupes des femmes d'un rouge éclatant, chaudrons de cuivre étincelants, peaux de chèvres et longs mâts de tentes, mulets très chargés, hommes et petits garçons.

Je supporterais ce grand départ avec plus de flegme et envisagerais la fin de ce séjour avec moins de crainte si la peur n'était pas déjà devenue si grande en moi qu'il n'y a plus place pour autre chose. Elle m'emplit entièrement et je sais qu'elle s'empare de tout sentiment, le contamine et le dévore.

Les nomades ne sont pas les seuls à rejoindre leurs quartiers d'hiver. Pendant un bref été, les chameaux ont circulé en liberté sur d'étroites bandes rocheuses et cherché leur nourriture entre les blocs de basalte ; maintenant, on les fait descendre de leurs maigres patûrages pour les emmener vers le col Afié. On va les conduire à Véramine, dans les grands caravansérails, sur le célèbre marché aux chameaux de l'Iran. L'air y est doux, même en hiver, et la nourriture abondante. Mais les chameaux n'en savent rien, la liberté les a rendus rebelles, ils s'évadent et retournent au galop, de leur démarche dégingandée, au bord du fleuve. Mais en vain car on les rattrape, les cris des caravaniers les déconcertent, ils se souviennent, redeviennent dociles et se laissent ramener sur le sentier. Finalement on en voit tout un troupeau là-haut, là où le sentier bascule sur l'autre versant ; les bêtes sont encore agitées, elles tendent le cou et frottent leurs flancs frémissants les uns contre les autres. D'une grandeur surnaturelle, nimbé d'une lumière froide, nous apercevons depuis notre camp le troupeau agité. Puis il disparaît.

Qu'attendons-nous encore ?

Hier soir, on a discuté du départ sous la tente. Nos serviteurs sont impatients et les provisions s'épuisent. J'écoutais en sachant que tout cela ne me concernait plus. Ils me demandèrent si par hasard je voulais rester ici et me laisser ensevelir sous la neige.

Mais c'était une question superflue, un faux problème ; ce n'est pas de cela qu'il s'agit. Retourner dans la plaine ? Retourner dans les maisons de Téhéran ? *Retourner ?* Je ne peux pas recommencer depuis le début. Je me suis souvent demandée, en prenant ces notes, qui m'a conduite dans la « Vallée heureuse » ; j'ai remonté dans quelques-uns de mes souvenirs, mais jamais suffisamment loin pour retrouver le commencement.

Non, personne ne m'a conduite ici, ce n'est de la faute de personne. Mais ce qui est clair et ne souffre aucun malentendu, c'est que le chemin du retour est barré, car devant lui se dresse le corps gigantesque du Demavend qui sera bientôt revêtu de sa pureté céleste. La liberté n'est valable que tant que l'on a la force d'en faire usage. Mais moi, j'en ai fait mauvais usage. Maintenant que Yalé est morte — il a rarement existé un être aussi innocent —, que puis-je faire ? J'étais beaucoup plus libre qu'elle, c'est pourquoi elle a supporté ce qui lui arrivait avec beaucoup moins de ressentiment que moi. Ce qui me retient ici maintenant, c'est le plus extrême désespoir. C'est la main tendue du Ciel qui me retient, et elle se retirera au bon moment. C'est ce que j'attends encore — rien d'autre, pas de départ, pas de retour au pays.

Je sais que je ne pourrai le faire comprendre à personne. Ce que j'ai écrit là est également tout à fait inutile. Cela me préoccupe parfois, car ma peur ne concerne que deux choses : le sentiment torturant de maladie et de faiblesse parce que je ne peux presque plus supporter cette situation, et la pensée que je n'aurai pas assez de temps pour tout consigner par écrit. Ce temps diminue de jour en jour, l'effort est trop énorme. Et chaque jour je crois de moins en moins possible de faire comprendre à quelqu'un que ce qui se passe ici est terrible, et que la douleur et la peur et toutes mes souffrances sont authentiques même si elles peuvent vous paraître sans objet et donc injustifiées. Ce n'est pas ça qui est important, pas ça ! Mais seul peut comprendre celui qui en a été victime. Il n'y a pas beaucoup de choses qui me touchent aujourd'hui ; elles sont toutes trop éloignées, il faudrait que je porte des bottes de sept lieues pour les rattraper. Même être seule et mourir seule ne m'effrayerait pas tant si je pouvais, d'une façon ou d'une autre, atteindre le cœur du monde et le cœur gai et assoiffé de vie des hommes, ce cœur qui est rempli d'espoir face à l'avenir.

Parfois, cette inquiétude torturante s'apaise et je peux respirer et réfléchir. Je me tourne alors de tous côtés sans savoir où aller — les ronces du désarroi me renvoient leurs branches en plein visage. L'avenir est mort, sans le moindre souffle d'air, sans couleur ; il n'y fait ni sombre ni clair, et pour y parvenir il faut suivre un long chemin que je ne peux plus prendre.

Je sais maintenant quels sont les obstacles ; les montagnes, le désert et la mer s'entassent devant moi, s'étendent devant moi, et j'ai beaucoup donné pour les surmonter, j'étais toujours portée par un espoir auquel je ne voulais même pas donner de nom, car c'est seulement ainsi que l'on peut vivre, grâce à des espoirs sans nom. Les gens heureux les échangent contre des objectifs qu'ils se fixent sur leur chemin comme les belles images peintes de la Passion. Mais mes villes s'appelaient Constantinople, Alep, Bagdad, Persépolis, et ensuite vinrent les villes sans nom, les tumulus oubliés et ensevelis. Puis vinrent les chemins sans nom, les montagnes sans nom et cet endroit que nous avons baptisé la « Vallée heureuse ».

Car ici, tout espoir est devenu superflu. On trouvera toujours, certes, des gens désireux d'escalader l'Everest et de mettre leur vie en jeu pour atteindre ce but — absurde ambition. Mais ce qui serait encore plus absurde, c'est que je me laisse convaincre aujourd'hui ou demain de monter sur un mulet et de parcourir le long et pénible sentier qui descend à Abala. Ils veulent *mettre leur vie en jeu* et ils en sont récompensés par une joie multipliée par dix quand ils rentrent sains et saufs, bien que le sommet du mont Everest ne soit rien de plus qu'un de ces buts qu'ils se sont fixés pour se réconforter et se stimuler...

Mais nos entreprises seraient-elles sans importance, quand nous y consacrons courageusement toutes nos forces et terminons notre vie sans désespoir ? La fuite, l'échappatoire, l'égarement qui m'ont conduite ici, en ce lieu extrême, tout cela ne serait-il pas une erreur ? Ma vie aurait-elle pu être bonne et courageuse si j'avais résisté à la maladie et à la peur ? Va-t-on me demander des comptes uniquement parce que je n'avais rien à opposer à ce désespoir sans nom et si torturant ?

N'ai-je pas quitté l'Europe et mon pays natal par probité ? Cela fait maintenant deux ans ; il s'agissait là-bas de faire un choix et de lutter pour quelque chose, même si l'on n'avait pas choisi le grand conflit qui déchire les peuples et empoisonne les gens. Il était déloyal de regarder sans rien faire — et de toute façon cela m'était insupportable. Mais je voulais encore moins lutter, le rôle que l'on m'imposait me semblait faux. Oui, je suis partie par probité, et beaucoup de gens m'ont envié ma liberté et mon choix.

Mais c'est ici que la liberté perd tout son sens. Je ne veux plus revendiquer ma liberté, je voudrais seulement rentrer et je ne peux pas, je ne peux pas et je le sais.

Je me suis réveillée aujourd'hui en proie à une atroce angoisse. Dans mon rêve je voulais crier, mais je n'avais plus de voix, et quand j'ai essayé de me réveiller et de me débarrasser de cet abominable sommeil, c'est la peur qui prit le relais et s'étendit sur moi comme une noire couverture. Je trouvai la force de me lever et titubai contre le mât de la tente. Dehors, le brouillard glissait sur les prairies somnolentes, du fleuve montait de la fumée, j'allai sur la berge et me laissai lentement glisser dans l'eau. Le froid me coupa le souffle, je fus entraînée un peu en aval et finis par me retenir au talus.

Je me retrouvai ensuite sur mon lit et vis la lumière de l'aube entrer à flots dans ma tente, un large rai blanc. J'avais terriblement froid. Mon serviteur m'apporta du thé. Peu après, il revint avec les deux jeunes Anglais qui étaient les derniers à être restés au camp avec moi.

« Nous vous conduisons demain à Abala, dirent-ils.

— Ce n'est rien, dis-je, demain je serai à nouveau bien. »

Je me rendis compte alors que j'avais perdu ma voix.

La fièvre vint enfin. Ce fut une grande délivrance, je la sentis se répandre dans mon corps, je m'étendis et pus de nouveau respirer. Mais ensuite elle devint si forte que je crus que mes tempes allaient éclater. Je priai, absurde prière dirigée vers la toile de la tente. Il faut que cela cesse, disais-je dans ma prière, mais j'étais persuadée que cela ne prendrait jamais fin. Les Anglais allèrent pêcher.

« Quand nous reviendrons, le pire sera passé et vous boirez un whisky avec nous », dirent-ils.

Je me remis à prier quand ils furent partis, et je crus que j'allais mourir parce que mes tempes allaient éclater. Machmud restait tout le temps assis à l'entrée de la tente à lancer des cailloux dans le fleuve. Je lui dis de partir. « Je vais recevoir de la visite », dis-je. Il ne sembla pas surpris et s'en alla sans se retourner.

Je me levai, me penchai sur la table pliante, trouvai un crayon et quelques feuilles de papier. J'avais l'impression d'être complètement ivre. Je retournai à mon lit en chancelant et ne touchai pas au papier posé sur la couverture. Très calme, je restai allongée en serrant bien fort mes tempes entre mes mains.

Quand la fièvre diminua, je me mis à pleurer, et je pleurai jusqu'au moment où je pensai que ma tête était devenue complètement vide...

Table

Première Partie

Deuxième Partie

Une tentative d'amour

Voyageurs Payot

Michael Asher, *La piste des Quarante Jours*
Nigel Barley, *Un anthropologue en déroute*
Nigel Barley, *Le retour de l'anthropologue*
Lars Bonnevie, *Botswana Blues*
Jean-Claude Bourlès, *Retours à Conques*
Jean-Claude Bourlès, *Le grand chemin de Compostelle*
Nicolas Bouvier, *Chronique japonaise*
Nicolas Bouvier, *Journal d'Aran et d'autres lieux*
Nicolas Bouvier, *Le poisson-scorpion*
Pino Cacucci, *Poussières mexicaines*
Jean Clausel, *Indes*
William H. Davies, *Carnets d'un hobo*
Charles M. Doughty, *Arabia Deserta*
Alain Dugrand, *Belize*
Isabelle Eberhardt, *Écrits intimes* (inédits)
Peter Ford, *Miskito Coast*
Philippe Garnier, *Maquis*
Lucie Duff Gordon, *Lettres d'Égypte*
Robert Graves, *Lawrence et les Arabes*
Eric Hansen, *Contrebandier de la mer Rouge*
Richard Holmes, *Carnets d'un voyageur romantique*
John Keay, *Voyageurs excentriques*
Patrick Leigh Fermor, *Le temps des offrandes*
Patrick Leigh Fermor, *Entre fleuve et forêt*
Patrick Leigh Fermor, *Vents alizés*
Ella Maillart, *Croisières et caravanes*
Ella Maillart, *Des monts célestes aux sables rouges*
Ella Maillart, *La vagabonde des mers*
Ella Maillart, *La voie cruelle*
Ella Maillart, *Oasis interdites*
Ella Maillart, *Parmi la jeunesse russe*
Ella Maillart, *Ti-Puss*

Voyageurs Payot (suite)

Peter Matthiessen, *Deux saisons à l'âge de pierre*
Peter Matthiessen, *Silences africains*
Peter Matthiessen, *Urubamba*
John McPhee, *Cargos*
John McPhee, *En Alaska*
Eric Newby, *La dernière course du blé*
Eric Newby, *Un petit tour dans l'Hindou Kouch*
Charles Nicholl, *Colombie Cocaïne*
Charles Nicholl, *Zones frontières*
Redmond O'Hanlon, *Au coeur de Bornéo*
Redmond O'Hanlon, *Help !*
Jean-Michel Palmier, *Retour à Berlin*
Jonathan Raban, *Arabia*
Jonathan Raban, *Nouveau Monde*
Jonathan Raban, *Terre étrangère*
Jonathan Raban, *Old Man River*
Éric Sarner, *La Passe du Vent*
Freya Stark, *La route de l'encens*
Freya Stark, *La vallée des Assassins*
Fanny Stevenson, *La croisière de la « Janet Nicholl »*
Robert Louis Stevenson, *Les pleurs de Laupepa*
Colin Thubron, *Derrière la Grande Muraille*
Colin Thubron, *Les Russes*
Gérard Toffin, *Les tambours de Katmandou*
Mark Twain, *À la dure / I (Dans les mines d'argent du Nevada)*
Mark Twain, *À la dure / II (En Californie)*
Vivienne de Watteville, *Un thé chez les éléphants*
Gavin Young, *C'est encore loin, la Chine ?*
Gavin Young, *Les fantômes de Joseph Conrad*
Gavin Young, *Sur toutes les mers du monde*

ISBN 2-228-89085-5
COMPOSITION BUSSIÈRE
IMPRESSION BUSSIÈRE CAMEDAN IMPRIMERIES À SAINT-AMAND (CHER)
N° D'IMPRESSION : 253-1/210
DÉPÔT LÉGAL : FÉVRIER 1997
Imprimé en France